Casanovas in Schwarz

Hubertus Mynarek

Casanovas in Schwarz

Zehn Schlüsselgeschichten über Priesteraffären mit Frauen

verlag DIE BLAUE EULE essen

Die Deutsche Bibliothek - CIP-Einheitsaufnahme

Mynarek, Hubertus:
Casanovas in Schwarz : zehn Schlüssel-
geschichten über Priesteraffären mit Frauen /
Hubertus Mynarek. - 2. unv. Aufl.
- Essen : Verl. Die Blaue Eule, 2001

ISBN 3-89206-339-7

1. Auflage, Essen 2000
2. unveränderte Auflage, Essen 2001

ISBN 3-89206-339-7

Gedruckt auf alterungsbeständigem Papier
Printed in Germany

Inhaltsverzeichnis

Erstes Kapitel

Der Kaplan und die Pastoralassistentin

Kaplan Andreas J. wirkte erst seit kurzer Zeit in einer Kleinstadtpfarrei. Es war seine erste Kaplansstelle nach der Priesterweihe, und er hatte große Erwartungen an sie geknüpft. Wie manch anderer Jungpriester hatte er die Vorstellung, die »Leute da draußen« außerhalb der Mauern des Priesterseminars, hinter denen er fünf lange Jahre ausgeharrt hatte, warteten nur so auf einen wie ihn, der ihnen mit neuem Schwung und frischer Begeisterung die Lehre Christi und der Kirche darlegen würde. Natürlich hatte er auch angenommen, sie würden zu seiner ersten Predigt in der Sonntagsmesse massenhaft kommen. Tatsächlich aber war die Kirche nur halb gefüllt, was Andreas' Vorgesetzter, Pfarrer Hoeres, allerdings durchaus erfreulich fand. Besuchten doch sonst noch weniger Leute die Sonntagsmesse. Und da Priester gern die irdischen Tatsachen überspringen und gleich nach den übernatürlichen Ursachen Ausschau halten, sah auch Andreas' Pfarrer in der größeren Besucherzahl nicht etwa nur die Neugierde der Leute, die sich ein Bild von dem neuen Kaplan machen wollten, sondern einen Fingerzeig Gottes dafür, daß von jetzt an wieder mehr "Seelen" das Gotteshaus aufsuchen würden.

Andreas aber war maßlos enttäuscht. Übrigens auch darüber, daß es mit der Jugendarbeit, wie er sie sich ausgemalt hatte, nicht so recht klappen wollte. Er hatte mit hundert und mehr Jugendlichen gerechnet, die zu seinen Heimabenden kommen sollten. In Wirklichkeit waren es nie mehr als zehn, und auch die schienen gar nicht besonders interessiert an dem, was er ihnen zu sagen hatte. Die meisten dieser 14- bis 18-jährigen machten auf Andreas eher den Eindruck, daß sie nicht aus eigener Initiative kamen, sondern weil ihre Eltern es gern sahen, wenn ihre Tochter bzw. ihr Sohn den Kontakt zur Kirche nicht ganz einschlafen ließen.

Nicht nur enttäuscht war der junge Priester, er fühlte sich auch einsam. Im Pfarrhaus lebten außer ihm nur noch der Pfarrer, 54 Jahre alt, und die etwa gleichaltrige Haushälterin. Den Pfarrer empfand Andreas als einen freundlichen, jedoch wenig gesprächsbereiten Mann, der kaum mehr missionarischen Eifer zeigte, vielmehr zufrieden war, wenn er am Abend im Fernsehsessel saß und seine dicken Zigarren rauchen konnte. Die Haushälterin wiederum wollte zwar unaufhörlich mit dem jungen Kaplan reden, aber es war nur Klatsch und Tratsch über die "Pfarrkinder", die diese Andreas ganz ungebildet vorkommende Frau von sich gab.

Die Atmosphäre im Pfarrhaus war völlig erotikfrei, und sie wäre es auch geblieben, wenn, ja wenn da nicht eines Tages eine zweite Frau hinzugekommen wäre. Es war die schon seit geraumer Zeit seitens des Pfarrers immer wieder vom Bischöflichen Ordinariat angeforderte Seelsorgehelferin, die außer ihrer pastoralen Hilfsarbeit auch noch als Sekretärin im Pfarrbüro arbeiten sollte. Andreas war zu dem Zeitpunkt, da die Pastoralassistentin Anna aufkreuzte, durchaus noch der festen Überzeugung, daß ein Priester nur für Gott, Christus und die Menschen, die ihm seelsorgerlich anvertraut sind, da zu sein habe. Eine Frau dürfe nicht die geringste erotische Rolle in seinem Leben spielen. Aber der junge Mann kannte sich genügend, um auch zu wissen, daß er sexuell versuchbar war. Deshalb freute er sich geradezu, als er Anna zum erstenmal sah. "Ach, die ist ja nun alles andere als schön", sagte er sich erleichtert, "die wird dir keinerlei Versuchungen bereiten".

Anna war zwar tatsächlich nicht schön, nicht einmal hübsch. Aber Andreas konnte nicht übersehen, daß sie von innen her strahlte, daß sie sauber und unschuldig wirkte. Bald fühlte er sich zu diesem anmutigen Wesen irgendwie hingezogen und immer öfter ertappte er sich bei dem Wunsch, in ihrer Nähe zu sein. Dem Pfarrer und der Haushälterin fiel es zunächst gar nicht auf, daß Anna und Andreas an manchen Abenden lange Gespräche auf seinem Zimmer bis tief in die Nacht miteinander führten. Andreas selbst mußte sich nach einiger Zeit eingestehen, daß er zum erstenmal in seinem Leben richtig verliebt war. Das machte ihn glücklich und unglücklich zugleich. In der Nähe Annas fühlte er sich zwar froh wie selten, aber nach seinen Begegnungen mit ihr plagten ihn Zweifel. War dieses Verliebtsein nun etwas ganz Reines, Geistiges? Oder erschien es ihm lediglich so und war in Wirklichkeit nur der schöne Schein, das Vorspiel vor der sexuellen Vereinigung mit der geliebten Person? Eine rein geistige Verbindung hätte Andreas ohne Gewissensbisse akzeptieren können. Den Sex aber hatten die Dozenten und Professoren an der Uni und im Priesterseminar zu oft schlechtgemacht, so daß er darin nichts Positives zu sehen vermochte, außer höchstenfalls in der Ehe, die ihm aber als Priester verwehrt war.

Anna blieb seine innere Zerrissenheit nicht verborgen. Sie sprach ihn deswegen an, und er beichtete ihr alles, was ihn bedrückte. Einerseits nahm sie ihm durch ihre Antwort für eine Zeitlang seine Skrupel, andererseits bereitete sie ihm neue. Denn sie erklärte ihm mit leiser, aber doch fester Stimme: "Es besteht gar keine Gefahr, daß wir in die Sünde fallen. Denn ich liebe ja nicht Sie, sondern Christus. Das heißt: ich liebe schon Sie, aber nur über und wegen Christus. Christus ist der eigentliche Gegenstand meiner Liebe. Aber er liebt die Priester ganz besonders, und er hat mir signalisiert, daß ich mich um Sie kümmern soll. Sie sind ein guter, aber schwacher Priester, der aufgerichtet werden soll, der einmal eindringlich erfahren muß, daß die Frau nicht bloß ein >Gefäß der Sünde< ist, sondern eine Kraft sein kann, die dem Priester dazu verhilft, seiner wahren Berufung zu folgen. Ich fasse meinen eigenen Beruf als Seelsorgehelferin so auf, daß ich an erster Stelle den Seelsorgern helfe, denn viele sind ähnlich labil wie Sie."

Die Worte wirkten wie ein Hammer auf Andreas. Er hatte angenommen bzw. gehofft, daß Anna ihn ebenso direkt, konkret und unvermittelt lieben würde wie er sie. Doch nun erklärte sie, daß sie ihn nur auf dem Umweg über Christus lieben könne. Andreas fühlte sich irgendwie entwertet, zweitrangig, nicht um seiner selbst willen geliebt. Sie versuchte ihm mit sanfter, gütiger Stimme klarzumachen, daß eine Liebe, die über Christus geht, sehr viel wertvoller, ja die einzig wahre sei. Er aber hörte nur immer eine innere Stimme sagen: "In dieser Liebe bist Du nur das fünfte Rad am Wagen. Stets wird Christus dazwischenfunken und zwischengeschaltet sein, immer wird er für sie als der eigentliche Geliebte gelten, um dessentwillen sie alles macht."

Aber war es der verborgene Geschlechtstrieb, der im jungen Priester wirkte und nicht gestattete, daß er sofort mit Anna Schluß machte, oder war es sein Stolz, der es ihm verbot, vorschnell aufzugeben? Er konnte sich jedenfalls innerlich nicht von ihr losreißen. In seiner Verliebtheit vergötterte er sie und alle ihre Worte erschienen ihm trotz seiner psychischen Widerstände wie Offenbarungen aus einer übernatürlichen Quelle. Schweren Herzens erklärte er sich also bereit anzuerkennen, daß Christus stets die erste Rolle in Annas Liebe spielen sollte, er, Andreas jeweils nur die zweite.

Aber nachdem er dieses »Opfer« in aller Demut und Selbstlosigkeit gebracht hatte, geschah in seinen Augen Überraschendes und Wunderbares: Sie umarmte ihn, drückte ihn an sich und küßte ihn ein paarmal auf den Mund. Zum erstenmal küßte ihn eine junge Frau, und er fühlte sich paradiesisch. "Ja, aber", fragte Andreas, nachdem sie mit dem Küssen aufgehört hatte, "Küsse sind doch etwas Sinnliches, nicht etwas rein Geistiges. Im Seminar hat man uns gesagt, sie seien nur die Einleitung zum Geschlechtsverkehr, weswegen wir uns vor ihnen hüten sollen. Ihre Küsse waren wunderbar, aber es ist doch trotzdem Sünde, was wir da tun." "Nicht, wenn das Ganze über Christus geht", erklärte sie kategorisch, "er vergeistigt alles!"

Natürlich wollte der junge Priester, einmal auf den Geschmack gekommen, nun immer mehr von dieser vergeistigten Speise. Aber da täuschte er sich gewaltig. Keineswegs gewährte sie ihm bei jeder Begegnung ihren Mund, bot sie ihm ihre Brüste zum Streicheln an, wie sie das manchmal tat. Immer war Anna sanft und gütig, aber nicht selten blieb sie eisern und erklärte ihm: "Heute erscheinen Sie mir zu sinnlich, als wenn Sie vergessen hätten, daß unsere Liebe nur über Christus geht. Sie schauen mich an, als ob ich Ihre Geliebte bin. Wir werden uns erst wieder liebhaben, wenn Sie wieder geistiger geworden sind." Es konnte nicht ausbleiben, daß Andreas, wenn er sie traf, Geistigkeit vorheuchelte, um ihre Küsse, ihre Streicheleinheiten zu empfangen. Aber sie hatte dafür einen sechsten Sinn und durchschaute ihn meist. So gab es mitunter lange Wochen und Monate, in denen sie sich nur über geistige und himmlische Dinge unterhielten, in denen sie es auch ungerührt zuließ, daß er innerlich schmorte, weil ihm inzwischen - Sünde hin, Sünde her - alles egal war: er wollte sie ganz und gar, mit Haut und Haaren, wollte sich mit ihr restlos vereinigen, egal, ob sie nun an den zwischen ihnen stehenden oder liegenden Christus glaubte oder nicht glaubte. Denn manchmal, wenn sie ihm erlaubte, auf ihr zu liegen, oder wenn sie auf ihm lag und sein Gesicht mit ihren langen schwarzen Haaren, die sonst züchtig zu einem Zopf zusammengebunden waren, zärtlich zudeckte, hatte Andreas schon den Eindruck, daß Anna in solchen Momenten auch nicht mehr an Christus dachte, sondern es auf der Welt nur noch sie beide - Anna und Andreas - in paradiesischer Wonne und Glückseligkeit gab. Solche Momente höchster Freude und Lust entschädigten dann Andreas stets für die langen trockenen Phasen des Wartens auf das grüne Licht, das immer nur Anna für die freie Fahrt in den Hafen der Liebe geben konnte. Andreas war da geradezu sklavisch abhängig von ihr.

Aber selbstverständlich schmeckte ihm diese Abhängigkeit nicht, dieses Warten auf Erweise ihrer Liebe, die Ungewißheit, ob sie beim nächsten Mal, wenn sie wieder allein im Pfarrhaus oder bei einem Spaziergang sein würden, ihm ihre Gunst gewähren würde. Krampfhaft überlegt er auch, wie es sein konnte, daß sie das eine Mal so großzügig zu ihm war, ihm außer dem eigentlichen Geschlechtsverkehr eigentlich alles erlaubte, das andere Mal sich aber wie eine »feste Burg« benahm und ihn überaus streng in seine Schranken wies. Obwohl Anna Dinge, die sie nicht sagen wollte, äußerst gut verbergen konnte, kam Andreas schließlich doch dahinter, daß das zu einem wesentlichen Teil an ihrem Beichtvater liegen mußte.

Jeweils einmal in der Woche nahm sie sich nachmittags frei und fuhr dann mit ihrem kleinen Renault "ein bißchen in der Gegend umher", wie sie sich Andreas gegenüber auszudrücken pflegte. Da sie aber zu diesen Fahrten Andreas nie mitnehmen wollte, schöpfte er Verdacht und folgte ihr mit seinem eigenen Wagen. So kam er dahinter, daß sie zu einem Priester fuhr, der bei keiner Pfarrkirche angestellt war, weil er sich hatte beurlauben lassen, um schriftstellerisch tätig sein zu können. Andreas kannte ihn, weil er von den Pfarrern der umliegenden Ortskirchen auch gern als Prediger und Exerzitienleiter eingeladen wurde. Außerdem stand er im Ruf der Heiligkeit, und die Leute verehrten ihn schon deshalb, weil er im Vergleich zu den meist dickbäuchigen Pfarrern so hager und asketisch wirkte.

Andreas fragte Anna bei der nächsten Begegnung, was sie denn bei diesem Priester mache. Sie erklärte ihm, daß er ihr Beichtvater sei. Jetzt, da sie dieses Geheimnis offenbart hatte, gab sie auch zu, daß es ihr Beichtvater war, der ihr die strengen Regeln für das Verhalten Andreas gegenüber diktiert hatte. "Durch ihn spricht Jesus", betonte sie. Das, was er sage, müsse sie deshalb auch befolgen, obwohl sie sich schuldig gemacht habe, weil sie sich nicht ganz an seine Weisungen halte. Denn wenn es nach ihrem Beichtvater ginge, dürfte sie gar keine körperlichen Kontakte mit Andreas mehr unterhalten. Er werde immer sehr bös und mache ihr schlimme Vorwürfe, wenn sie ihm beichte, daß sie sich geküßt, geliebkost und aneinander geschmiegt hätten. In Andreas regte sich allmählich der Verdacht, daß dieser Beichtvater selber in Anna verliebt sein mußte und sie ganz für sich haben wollte. Der Verdacht erhärtete sich noch, als Andreas zufällig an einem Juweliergeschäft vorbeikam und darin diesen Priester zusammen mit Anna sah. Neugierig schaute Andreas durchs Schaufenster, und er bemerkte mit Staunen, daß der Priester ihr eine Halskette kaufte und sie ihr eigenhändig, sogar mit einer gewissen Feierlichkeit um den Hals hängte.

Beim nächsten Zusammensein stellte Andreas Anna die Frage, woher sie denn die neue Halskette habe. Er wußte, daß sie entweder schweigen oder die Wahrheit sagen würde, weil er sie für unfähig hielt, zu lügen. Sie gestand, daß sie die Kette von ihrem Beichtvater geschenkt bekommen habe. Andreas solle aber darin keinen Liebesbeweis vermuten, denn ihr Beichtvater habe sie ihr nur geschenkt, damit sie sich immer daran erinnern solle, daß sie über ihn, den Beichtvater, an Gott gekettet bleibe und immer rein bleiben müsse.

Letztendlich war es auch dieser Beichtvater, der das Verhältnis zwischen Anna und Andreas endgültig zerstörte. Das kam so: Die beiden hatten zusammen einen Kurzurlaub an der Ostsee verbracht. Frei von den Zwängen und Bespitzelungen des Pfarrhauses, wo Pfarrer und Haushälterin längst Verdacht geschöpft hatten, erlebten Anna und Andreas drei überaus schöne Tage, in denen sie sich auch körperlich so nahe kamen wie nie zuvor. Aber wie Andreas in der Liebe von Anna abhängig war, so war diese geistig, psychisch, moralisch total von ihrem Beichtvater abhängig. Anna hatte Andreas erzählt, daß ihre Eltern sehr arm gewesen seien und daß dieser Priester als Hausfreund bei ihnen sich rührend um sie und auch um Anna gekümmert habe. Sie habe z. B. nur Hauptschulbildung, aber er habe ermöglicht, daß sie in ein Seelsorgehelferinneninstitut aufgenommen worden sei, und er habe auch alle Kosten ihrer Ausbildung getragen. Als Leitspruch habe er ihr fürs ganze Leben mitgegeben: "Du bist zwar nicht sehr intelligent und nicht gebildet, aber das waren viele Heilige auch nicht. Du kannst eine Heilige werden, wenn Du Dich ein Leben lang an das hältst, was ich Dir sage." Nun und jetzt nach dem schönen Urlaub von Anna und Andreas, von dem sie ihrem Beichtvater natürlich berichten mußte, sagte ihr dieser klipp und klar: "Du darfst nie mehr zusammen mit Andreas in Urlaub fahren. Wenn Du meine Anweisung nicht befolgst, bin ich nicht mehr Dein Beichtvater und väterlicher Freund."

Als also die großen Ferien kamen - Anna gab nämlich auch Religionsunterricht in der Grundschule - und sie vom Pfarrer wieder Urlaub bekam, erklärte sie Andreas sanft, aber streng: "Ich fahre allein in Urlaub, Du darfst nicht mitkommen." Andreas tat alles, um ihren Entschluß, von dem er wußte, daß er nicht der ihre war, rückgängig zu machen. Aber da sie an Gott und Christus tatsächlich überaus fest glaubte und in ihrem Beichtvater das Sprachrohr Gottes sah, waren Andreas' Bemühungen von vornherein hoffnungslos zum Scheitern verurteilt. Da nützte es nichts, daß er ihr drohte: "Wenn Du mich nicht mitnimmst, werde ich mir in den großen Ferien ein Mädchen anlachen. Das wird mich dann ins Sexuelle herunterziehen, während Du doch immer von Dir behauptet hast, Du würdest mich mit Deiner Liebe zu höchster Reinheit und edelster Auffassung des Priesterberufs hinaufziehen." Sie schien seine Drohung nicht einmal ganz ernstzunehmen, zu sehr war sie von ihrer Macht über ihn überzeugt, so daß sie glaubte, er werde auch nach nicht mit ihr verbrachtem Urlaub an sie gebunden bleiben. Es nützte auch nichts, daß er mit einer weiteren Drohung kam: "Du weißt", sagte er, "daß ich immer in die Gefahr der Masturbation gerate, wenn ich sehr traurig, einsam und enttäuscht bin. Und das ist jetzt der Fall. Und Du willst doch nicht, daß ich diese Todsünde begehe. Es liegt in Deiner Hand, ob ich sie begehe oder nicht. Fahre mit mir in Urlaub!" Sie blieb eisern. Da packte ihn eine unheimliche Wut: "Du Gotteshure, Du Christushure, Du Beichthure, sei verflucht!" schrie er. "Für alles, was ich in Zukunft mit Frauen und mir selbst anstellen werde, mache ich Dich verantwortlich!" Sie drehte sich auf dem Absatz um, verließ wortlos den Raum - und fuhr ohne ihn in den Urlaub.

Andreas aber machte seine Drohung war. Er kaufte sich einen eleganten Zivilanzug und machte Urlaub. In einem Badeort an der Ostsee näherte er sich gleich am ersten Urlaubstag einer jungen Frau, die allein am Tisch eines Cafés saß und die, wie er instinktiv bemerkt hatte, sich ebenso einsam wie er selbst fühlte. Schon am Abend desselben Tages gingen sie zusammen ins Bett. Die Lust, die er beim Akt mit dieser Frau verspürte, schien ihm dadurch um so größer, als er dabei auch Rache für die Demütigungen durch Anna nahm.

Er war keineswegs mehr traurig, vielmehr fühlte er sich herrlich frei, nichts kettete ihn mehr an Anna. Er hatte sie vollkommen von sich abgeschüttelt, wunderte sich lediglich, wie er so lange von ihr abhängig sein konnte, der ganzen Christusideologie ihrer Liebe so lange Glauben zu schenken vermochte. Lange Zeit hatte sie eine derartige Macht über ihn ausgeübt, daß er Mädchen und Frauen in seiner Pfarrgemeinde, die mit ihm flirten wollten, die kalte Schulter gezeigt hatte. Nun wollte er alles nachholen. Schon am nächsten Tag hatte er die einsame Fremde, die er am ersten Urlaubstag kennengelernt hatte, praktisch vergessen. Er bändelte mit einer anderen

Frau an, mit der es zwar etwas länger dauerte, bis sie bei ihm im Bett landete, aber die Verzögerung machte ihm Spaß. Er hatte ja Zeit, er machte doch Urlaub. Und das Zölibatsgesetz der Kirche? Das kümmerte ihn jetzt gar nicht mehr. Dazu hatte auch der "heiligmäßige" Beichtvater Annas beigetragen, der das kirchliche Zölibatsgebot für Priester doch offenbar auch auf eine sehr merkwürdige Weise interpretierte und lebte. Andreas legte sich jetzt jedenfalls ebenfalls seine eigene Interpretation zurecht: "Ich lebe ja zölibatär, d.h. ehelos", sagte er zu sich selbst, "sporadische Verhältnisse aber, die nicht zur Ehe führen, vorübergehende Freundschaften - die will ich mir in Zukunft ohne Wenn und Aber genehmigen. Auf diesen Genuß habe ich lange genug verzichtet". Und er schob alle Schuld, daß er so zynisch geworden war, auf Anna, weil sie ihm den Idealismus absoluter Reinheit und Keuschheit durch ihr Verhalten verleidet hatte. Erst viel später im Leben war er bereit einzugestehen, daß ja auch sie nicht frei und aus sich selbst heraus gehandelt hatte, sondern ein relativ willenloses Werkzeug in der Hand ihres Beichtvaters gewesen war.

Ganz ausgestanden aber war die Sache mit Anna dann doch noch nicht. Denn nach ihrem getrennt verlebten Urlaub kehrten ja beide in dieselbe Pfarrei zurück. Anna tat so, als ob gar nichts gewesen wäre. Sie näherte sich Andreas völlig ungezwungen und wollte die Abende, soweit das bei ihren und seinen pastoralen Pflichten möglich war, wieder wie eh und je mit ihm verbringen. Aber für ihn war sie gestorben, und er zeigte es ihr mit eisiger Kälte. Sie verstand das anfänglich gar nicht, zu sehr war sie von ihrer magischen Macht über ihn überzeugt. Als er ihr aber - dummerweise, denn unter Amtsbrüdern und -schwestern sollte man nie ganz offen sein - erklärte, er habe jetzt ein anderes Mädchen, sie solle ihn endlich und endgültig in Ruhe lassen, da setzte er damit die kirchliche Bestrafungsmaschinerie in Gang.

Wie weit Anna ursächlich daran schuld war, konnte Andreas später nicht mehr ganz klären. Auf jeden Fall aber hatte sie ihrem Beichtvater - privat oder im Beichtgespräch - Mitteilung davon gemacht, daß Andreas auf den "Abwegen der weltlichen Liebe" war. Es kam aber auch alles zusammen. Gleich von drei Seiten jedenfalls - so der Generalvikar der Diözese zu dem herbeizitierten Andreas - seien Klagen gegen ihn gekommen. Andreas vermutete, daß bestimmt eine von der Pfarrhaushälterin stammte, die sich permanent beleidigt fühlte, weil er sich ihr nicht genügend gewidmet hatte. Und auch dem Pfarrer behagte es nicht, daß "seine" Pastoralassistentin viel mehr Zeit für den jungen Kaplan als für ihn hatte. Und der Beichtvater Annas? Der hatte tatsächlich allen Grund, auf Andreas neidisch zu sein, auch wenn er seine Abneigung gegen ihn vor Anna wie vor dem Generalvikar natürlich rein spirituell und moralisch rechtfertigte. Andreas wurde also strafversetzt an einen Ort der Diözese, wo sich die Füchse gute Nacht sagen. Aber es tat ihm nicht weh. An Anna hing er nicht mehr, und er hatte ja ein Auto, so daß er an das Kaff, in dem er jetzt fungierte, nicht über die Maßen gebunden war. Zudem stand ihm immer mal Urlaub zu, und den nutzte er ausgiebig zu Kontakten mit diversen Frauen, wobei ihm zugute kam, daß er ein stattlicher, hochgewachsener, sehr jugendlich wirkender Mann war, dem man auch den "typischen Pfarrer" nicht auf den ersten Blick anmerken konnte. Aber Andreas konnte auch - je nach Lage des Falles - sehr schnell umschalten. Wenn er merkte, daß er es mit besonders frommen Frauen zu tun hatte, konnte er mitunter ganz offen zugeben, daß er Priester war. Diese Frauen nahmen es ihm meist gar nicht übel, daß der klerikale Charmeur einmal »Urlaub vom Zölibat« machen wollte.

Interessanterweise war aber die Sache mit Anna immer noch nicht ganz ausgestanden. Da sie sich ja als die verstanden hatte, die Andreas das Heil bringen, ihn zum wahren Priestersein hin erlösen und erretten wollte, fürchtete sie jetzt, da er sich mit anderen Frauen abgab, um sein Seelenheil und schickte ihm eines Tages an seinen neuen Dienstort einen katholischen Psychiater. Der machte ihm die Hölle heiß, drohte ihm mit schlimmsten Neurosen und Psychosen bis hin zum Wahnsinn, wenn er von seinen "unheiligen Liebschaften" nicht ablassen sollte. "Sie sind", erklärte er Andreas, "nicht der heiligmäßige Priester, der ohne Frau auskommt. Deshalb brauchen Sie eine Frau wie Anna, die sie zu Gott, nicht zum Teufel führt. Ohne geistige Freundin rennen Sie ins Verderben. Und Aids bekommen Sie obendrein, denn Gott läßt seiner nicht spotten. Auf jeden Fall aber ist Ihr Unter- und Unbewußtes auf Gott und die reine, geistige Frau, das Abbild Marias, ausgerichtet. Wenn Sie dieser Ausrichtung nicht Folge leisten, werden Sie furchtbare seelische Geschwüre bekommen." Andreas wunderte sich selber, wie cool er bei den zornigen Ausführungen des Psychiaters geblieben war. Höflich erklärte er ihm, daß er das alles, was der ihm gesagt habe, ernsthaft überdenken werde, womit der Herr sichtlich zufrieden schien, obwohl es Andreas gar nicht ernstgemeint hatte. Der einmalige Besuch des Psychiaters aber war dann auch endgültig der letzte Kontakt, den Anna mit Andreas aufzunehmen versuchte. Er wollte nichts mehr von ihr hören, und er hörte danach auch nichts mehr von ihr. Dennoch sagte er sich viel später, als er ins "gesetztere Alter" gekommen war, daß die Sache mit Anna eine wunderbare dauerhafte Liebes- und Lebensbeziehung geworden wäre, wenn die Kirche mit ihrer verschrobenen Ideologie der exklusiven Christusliebe der Priester, ihren Kontrollmechanismen, ihren Beichtvätern, Befehlshabern, Besserwissern und Neidern das Ganze nicht kaputtgemacht hätte.

Andreas versah in der Folgezeit fast mechanisch, jedenfalls ohne Idealismus und innere Anteilnahme, seinen Dienst als Priester der Kirche. Begeisterung für die Kirche, ihren Glauben und ihre Moral konnte und wollte er nicht mehr aufbringen. Der ganze "Seelenmist", wie er es heimlich und nur vor sich selbst nannte, war ihm zuwider. Aber er war auch nicht Mann's genug, um echte Konsequenzen zu ziehen. Er hatte eine gesicherte Existenz in der Kirche, bekam hier sein Gehalt und ließ daher den Herrgott einen guten Mann sein.

Zweites Kapitel

Der Theologieprofessor und die Studentin
oder
Ein professoraler Casanova

Robert R., Theologieprofessor an einer Uni in Süddeutschland, war froh, daß er es in zwei Stunden hinter sich haben würde. »Es« - das waren zwei Vorlesungsstunden, die er noch zu halten hatte. Danach begannen die Semesterferien. Es war ein sehr heißer Sommertag, und die Studentinnen und Studenten im Vorlesungssaal schienen das Ende seiner Vorlesungen in diesem Semester ebenso herbeizusehnen wie er selbst. Während er etwas unkonzentriert über »die menschliche Sinnproblematik und die Auferstehung Jesu« redete, dachte er schon an die Frauenbekanntschaften, die er im Urlaub machen würde. Denn er war ein Priester mit Casanova-Allüren, allerdings auch mit einer gewissen Disziplin. Hatte er sich doch zum Prinzip gemacht: "Während des Semesters nie! Und nie mit Studentinnen!" Zu gut wußte er, wie schnell er sonst ins Gerede gekommen wäre. So aber hatte er sich bis jetzt einen makellosen Ruf in der Universität und darüber hinaus bewahrt. Ja, er galt sogar mehr als einige seiner Kollegen an der katholisch-theologischen Fakultät dieser Universität als Idealist, der seiner wissenschaftlichen Tätigkeit derart hingegeben war, daß er gar keine Zeit für irgendwelche Techtelmechtel mit Studentinnen hatte. Allerdings war es ihm bisher auch relativ leicht gefallen, seine "Tugend" während des Semesters zu bewahren. Denn er fand die Studentinnen, die seine Vorlesungen besuchten, allesamt ein bißchen fad.

Aber das sollte sich mit einem Schlag ändern. Denn plötzlich öffnete sich die Tür des Hörsaals und hereinkam ein verdammt attraktives weibliches

Wesen, das so ganz anders wirkte als die braven, bieder gekleideten Theologiestudentinnen im Saal. "Die muß sich in der Tür geirrt haben", schoß es dem Professor durch den Kopf. "Die kann doch unmöglich etwas mit Theologie am Hut haben". Immer wieder schaute er verstohlen zu ihr hin. Sie war, wie er bemerkte, völlig "unstandesgemäß" gekleidet, hatte ein enganliegendes schwarzes Mini-Kleid an, das vorn, mitten zwischen den deutlich sichtbaren Konturen ihrer Brüste, mit einer roten Blume verziert war und einen faszinierenden Kontrast zu ihrer langen blonden Mähne bildete. "Eine solche Frau", sagte sich Robert, "ist eigentlich jede Sünde wert. Aber", so fügte er in Gedanken hinzu, "sie wird ja jeden Augenblick aufstehen und den Saal verlassen. Du wirst also keinerlei Chance haben, an sie heranzukommen." Aber sie blieb und auch als es zur Pause zwischen der vorletzten und der letzten Vorlesungsstunde läutete, ging sie zwar aus dem Raum, blieb aber im Gang vor der Tür des Vorlesungssaals stehen und rauchte da eine Zigarette. Robert, der in den Pausen zwischen den Vorlesungsstunden auf dem langgestreckten Gang hin und her zu gehen pflegte, beobachtete sie aus den Augenwinkeln und sah, wie sie von einer ganzen Schar seiner Studenten umringt wurde. Unter ihnen befanden sich auch, was Robert gar nicht gern sah, Diakone, künftige Priester also, die schon die letzte Weihestufe vor der Priesterweihe erreicht hatten, daher ebenso wie er selbst zum Zölibat verpflichtet waren. Aber auch sie fühlten sich offenbar magisch zu der aufreizenden Schönen hingezogen. Sogar einen jungen Priester, der bei Robert seine theologische Doktorarbeit schreiben wollte, erblickte der Professor ganz nah bei ihr. Ja, der junge Mann schien sich mit und trotz seinem schwarzen Anzug und dem weithin sichtbaren weißen Priesterkragen nicht zu genieren, ihr besondere Avancen zu machen. Robert war empört, obwohl er doch selber gern dasselbe getan hätte.

Nach der Pause, nachdem die Studentinnen und Studenten, auch die Schöne, wieder ihre Plätze im Hörsaal eingenommen hatten, setzte der

Professor seine Ausführungen über den Sinn überhaupt und den Sinn der Auferstehung Jesu im besonderen wieder fort. Um der aufregenden Frau, die da vor ihm saß, zu imponieren, formulierte er jetzt besonders kühn, obwohl er sonst streng darauf bedacht war, keine Thesen zu verkünden, die ihn in einen Konflikt mit der Amtskirche hätten bringen können. Die an seine eher langweilig-konservativen Vorlesungen gewohnten übrigen Hörer schauten fast erschrocken auf, als er plötzlich zackig-markant auf den "ungeheuren Widerspruch" hinwies, der "zwischen Vernunft und Dogma", "zwischen realer Geschichte und Glauben" an die Auferstehung bestehe. Realgeschichtlich sei Jesus gar nicht auferstanden, das Grab habe den toten Leib Jesu weiterhin beherbergt. Auferstanden sei Jesus nur in den Visionen seiner Jüngerinnen und Jünger. Dabei betonte der Professor noch besonders, daß es eine Frau, nämlich Maria Magdalena, gewesen sei, die als erste eine Vision des auferstandenen Jesus gehabt habe. Und er fügte ganz "unkatholisch" hinzu, daß Martin Luther diese Frau sogar für die Geliebte des Heilands gehalten habe.

Aber Professor R. täuschte sich, wenn er angenommen hatte, mit seinen Darlegungen Eindruck auf die zum ersten Mal in seine Vorlesung Gekommene zu machen. Sie schien gar nicht hinzuhören. "Weiß der Teufel, wozu sie hierhergekommen ist", zischte es durch seinen Kopf. Aber das war nicht das Hauptproblem, das den Professor beschäftigte. Während er so vor sich hin dozierte, überlegte er krampfhaft, wie er es anstellen sollte, an dieses "tolle Weib" heranzukommen. Es war ja die letzte Stunde vor den Semesterferien. Und ob er sie jemals nach diesen Ferien in seiner Vorlesung sehen würde, war ganz ungewiß. Im Laufe eines Semesters ergeben sich viele Kontaktmöglichkeiten zwischen Dozenten und Studenten oder Studentinnen. Aber im jetzigen Fall bot sich nur eine einzige Alternative, nämlich die, unvermittelt an die Schöne heranzutreten oder sie wahrscheinlich für immer aus den Augen zu verlieren. Die erste Möglichkeit konnte er sich aber in

Anbetracht der anwesenden Theologiestudenten, die sofort Verdacht gegen ihn geschöpft hätten, eigentlich gar nicht erlauben.

Schon läutete es. Die Vorlesungsstunde war beendet. Er verließ den Hörsaal, der sich im dritten Stock des Unigebäudes befand. Hinter einem Pfeiler im Treppenhaus versteckte er sich, um die Fremde abzupassen. "Gott sei Dank", sagte sich der Professor, "sie kommt allein". Aber kaum hatte er das mehr gedacht als gesagt, da sah er auch schon den jungen Priester, der ihr die Avancen gemacht hatte, hinter ihr herhecheln. "Jetzt oder nie", sagte sich trotzdem der Professor, obwohl ihm dabei gar nicht wohl zumute war, denn er mußte ja damit rechnen, seinen bisher makellosen Ruf als von Frauen nicht aus dem Konzept zu bringender Theologe zu beschädigen. Jedenfalls stellte er sich dem der Schönen hinterherziehenden Priester entgegen, schaute ihn streng an und schüttelte dann mißbilligend den Kopf. "Das ist doch wohl nicht der geeignete Umgang für Sie", grollte der Professor. Der junge Priester verstand sofort, was gemeint war, und schlich davon. Inzwischen war aber die junge Dame schon viel weiter weg, und nun hechelte der Professor seinerseits hinter ihr her. Schließlich erreichte er sie, völlig außer Atem. Was sollte er ihr aber, so plötzlich vor ihr stehend, sagen? Seine Stimme war brüchig, fast zittrig und rauh, als er ihr völlig uncharmant mit den Worten kam: "Sie können das jetzt nicht verstehen, aber es ist, wie Sie nachher sehen werden, eine ganz, ganz wichtige Angelegenheit, über die ich mit Ihnen sprechen muß. Das geht jedoch nicht hier und jetzt. Kommen Sie heute um 19.00 Uhr ins Restaurant >Zum Goldenen Fisch<, da besprechen wir alles."

Der Professor fühlte, daß er eine ganz miserable Vorstellung vor der jungen Dame abgegeben hatte; und er war dementsprechend fast sicher, daß sie nicht kommen würde. Trotzdem ging er zum angegebenen Treffpunkt und wartete auf sie. Schon wollte er aufbrechen, denn es war bereits 19.30 Uhr, ohne daß sie auf der Bildfläche erschienen war. Aber dann war sie doch plötzlich da. Aber wie sah sie denn aus? Wahrscheinlich um den Priester und Theologieprofessor nicht in Versuchung zu führen, hatte sie ein ganz biederes, altmodisches und knöchellanges Kleid angezogen und sah keineswegs mehr so blendend wie während der Vorlesung aus. Der Professor lud sie ein, mit ihm zu Abend zu essen. Sie zierte sich ein wenig, willigte dann aber ein. "Was war's denn", fragte sie nach einiger Zeit dann doch, "das so wichtig war, daß Sie mit mir darüber sprechen wollten?" "Das ist hier angesichts der vielen Leute nicht der geeignete Ort. Ich schlage vor, wir essen erst einmal in Ruhe und fahren dann mit meinem Wagen ins Grüne. Bei einem Spaziergang erkläre ich Ihnen dann alles." Es mußte wohl die Ehrfurcht vor der Autorität des Priesters sein, daß sie wiederum ohne größeren Widerstand einwilligte.

Beim anschließenden Spaziergang an dem noch immer hellen Sommerabend schlenderte er dann zunächst wortlos eine ganze Weile neben ihr her. Er wußte, daß sie auf seine Erklärung wartete. Aber er suchte noch immer krampfhaft nach der richtigen Psychologie und Strategie, um sie dorthin zu bekommen, wohin er sie haben wollte. Da sie offenbar doch, wie er entgegen seinem ersten Eindruck bemerkt hatte, irgendwie Respekt vor der Autorität eines Theologen hatte, wandte er schließlich die klerikale Mitleidsmasche an: "Sie wissen ja offenbar, daß ich Priester und Theologielehrer bin. Als solcher habe ich mich aufrichtig und sehr eifrig bemüht, ganz ohne Frau auszukommen. Um an das Wesen Frau nicht einmal zu denken, habe ich mich total meinen Studien gewidmet, habe tage- und nächtelang nichts als Wissenschaft getrieben. Und obwohl ich sagen kann, daß ich ein Vollblutwissenschaftler bin, wurde ich bei alledem nicht ganz glücklich. Ich fühle mich leer und einsam. Und mitten in diese psychische Leere sind Sie heute eingebrochen. Als Sie in den Hörsal traten, funkte es bei mir. Können Sie das verstehen? Können Sie sich in die Situation eines einsamen Priesters hineinversetzen?"

Sie sagte eine ganze Weile nichts. Zu befremdlich und auch ein wenig komisch klang das, was der Professor da dargelegt hatte, in ihren Ohren. Sie war Pädagogikstudentin und da sie gerade Zeit gehabt hatte, war sie heute eben mal kurz in eine Theologievorlesung gegangen. Daß jetzt der Professor, der diese Vorlesung gehalten hatte, leibhaftig vor ihr stand und ihr noch obendrein einen mehr oder minder verschlüsselten Antrag machte, das war für sie kaum faßbar. Aber irgendetwas mußte sie ja jetzt wohl sagen. Sie fragte daher ausweichend: "Aber sind Sie nicht zum Zölibat verpflichtet? Oder gilt das für Professoren, die nicht in der Seelsorge arbeiten, nicht?" "Doch, doch", erwiderte er "aber sehen Sie, ich habe sehr lange auch theoretisch mit dem Gesetz, das die Priester zur Keuschheit und Ehelosigkeit verpflichtet, gerungen. Ich weiß heute, daß es nur ein Gesetz ist, das der Machtausübung der Kirche dient, Jesus selbst und auch das frühe Christentum haben es nicht aufgestellt. Ich habe deshalb beschlossen, mich nicht mehr daran zu halten." Der Professor hatte sein rhetorisches Pulver praktisch schon verschossen. Jetzt mußte sie etwas sagen. Aber es erfolgte gar keine Reaktion von ihrer Seite. Schweigend gingen sie nebeneinander her und schon näherten sie sich auf ihrem Rundgang wieder dem Parkplatz, auf dem sein Wagen stand. Der "zölibatäre" Liebhaber wußte nicht, woran er bei dieser jungen Dame war. Nichts in ihrem Verhalten, ihren Gesten, in dem, was sie bisher gesagt hatte, ließ darauf schließen, daß sie sich von ihm angezogen fühlte.

Aber er fühlte auch, daß er jetzt alles auf eine Karte setzen mußte, wenn der Abend nicht gelaufen sein sollte. Also stellte er sich dicht vor sie hin und fragte sie frech: "Was würden Sie tun, wenn ich Sie jetzt küsse? Würden Sie sich wehren, vielleicht sogar 'Hilfe, Vergewaltigung' schreien?" "Versuchen Sie's doch", antwortete sie leise. Das ließ er sich nicht zweimal sagen. Er küßte sie lange und heftig und spürte dabei keinerlei Widerstand. Dann gingen sie Hand in Hand zum Auto, stiegen ein und liebten sich dort weiter. "Wann treffen wir uns wieder", fragte er sie, nachdem er sie tief in der Nacht nach Haus gebracht hatte. "Vielleicht nie, ich fahre morgen, d.h. heute, es ist ja schon nach 1.00 Uhr, mit zwei Freundinnen in Urlaub." Er war entsetzt. Sollte er einen so geringen Eindruck auf sie gemacht haben, daß sie das Erlebnis mit ihm so einfach abhaken konnte. Doch schon fuhr sie fort: "Aber Sie können ja mitkommen, wenn Sie wollen. Da Sie ein Auto haben, wäre das sogar ganz vorteilhaft."

Das ließ er sich nicht zweimal sagen. Nachdem er ein paar Stunden geschlafen hatte, holte er sie und ihre beiden Freundinnen pünktlich um 10.00 Uhr mit seinem Wagen vom Studentinnenwohnheim ab. Ab ging's in Richtung Italien, ohne daß sie ein festes Reiseziel gehabt hätten. Zunächst fühlte sich der Professor den beiden Freundinnen gegenüber ein wenig unsicher. Aus den Anfangsgesprächen, die sie während der Fahrt mit ihm führten, ging hervor, daß sie beide katholisch waren. "Also werden sie möglicherweise daran Anstoß nehmen, daß ich als Priester eine Freundin habe", sagte sich der Professor. Er wußte ja auch nicht, wieweit seine neue Geliebte ihre beiden Kommilitoninnen eingeweiht hatte und ob sie das billigten, was sie ihnen eventuell über die Art ihres Zusammenseins mit dem Priester und Theologieprofessor erzählt hatte. Der agierte daher zunächst einmal sehr vorsichtig. Er tat so, also ob er Danuta - so hieß die Geliebte - lediglich von der Uni her kannte. Mit keiner Geste, keinem Wort verriet er während der Fahrt, daß er zu ihr bereits in eine intimere Beziehung getreten war. Im Sich-Verstellen war er ohnehin ein Meister, und die Rolle des seelsorgerlichen oder professoralen väterlichen Freundes konnte er besonders virtuos spielen. Auch als sie in einem Landhotel in Norditalien die erste längere Reiseunterbrechung machten, spielte er zunächst einmal immer noch den, der sich lediglich selbstlos zur Verfügung gestellt hatte, um mit seinem Wagen die drei Studentinnen an ihre Urlaubsziele zu bringen.

Heimlich amüsierten sich die drei jungen Damen natürlich über den "keuschen" Professor. Denn selbstverständlich hatte Danuta ihren beiden engsten Freundinnen schon erzählt, was ihr mit dem Professor widerfahren war. Der fühlte sich dann auch ganz schön belämmert, als sie ihm mitteilte, daß ihre Freundinnen nicht prüde seien und vollstes Verständnis für die Situation eines sich einsam fühlenden Priesters hätten und daß sie ihnen reinen Wein über ihr Verhältnis mit ihm eingeschenkt habe. Einerseits ärgerte er sich darüber, daß also seine Verstellungskünste wohl daneben gegangen waren, andererseits konnte er sich jetzt freier und ungezwungener benehmen. Trotzdem tauschte er weiterhin vor den Freundinnen Danutas keine Zärtlichkeiten mit ihr aus, das überließ er den Nächten mit ihr. Sie übernachtete mit den beiden Freundinnen in einem großen Zimmer des Hotels und klopfte erst immer sehr spät in der Nacht an die Tür seines Einzelzimmers. Meist befand er sich dann schon im Halbschlaf oder sogar mitten im ersten Schlaf und seine Libido bewegte sich dementsprechend um den Nullpunkt herum. Oft "brachte" er es deshalb auch nicht, und er wunderte sich eigentlich, daß dieses schöne, vitale Weib mit dem Leib einer Göttin keine Kritik, keinen Unmut, keine Unzufriedenheit über sein häufiges Versagen äußerte.

Überhaupt fragte er sich, ob sie ihn wohl liebte, denn bei ihren gegenseitigen Liebkosungen sagte sie fast nichts und den Satz: "Ich liebe Dich" hatte er noch nie von ihr gehört. Wohl aber hatte er bemerkt, daß eine tiefe, wortlose, fast mystische Zufriedenheit ihren tollen Körper in den seltenen Fällen erfüllte, in denen ihm der Akt mit ihr gelungen war. Einmal, als sie sich auch im Laufe des Tages endlich von ihren Freundinnen losreißen konnte und sie, d.h. Danuta und der Professor, allein einen Ausflug machten, merkten sie zunächst gar nicht, daß sie sich im Rausch ihrer Triebe am Rand eines Waldes auf einem Ameisenhaufen niedergelassen hatten. Der Professor merkte es endlich, aber Danuta befand sich in einer derart ekstatischen Verzückung, daß er sie gewaltsam aus dem Bereich der sie eifrig zwickenden und beißenden Tierchen wegschleppen mußte. Sie hatte nichts gespürt und schien ihm sogar ein wenig böse zu sein, daß er sie aus ihrem totalen Glückszustand herausgerissen hatte.

Trotzdem hätte er zu gern gewußt, ob sie ihn wirklich liebte. Aber er konnte trotz aller Bemühungen in dieser Hinsicht nichts aus ihr herausquetschen. Eines Tages aber vermochte er doch tiefer in ihr Innenleben hineinzusehen. Sie erzählte ihm von einer ihrer Freundinnen, die glücklich verheiratet sei, aber dennoch mit ihrem Ehemann vereinbart habe, daß sie außerdem auch noch einen Freund haben dürfe. Die Freundin liebe ihren Mann wirklich, aber ein Mann sei ihr trotzdem zu wenig. "Bist Du auch dieser Meinung", fragte der Professor Danuta, "daß ein Mann einer Frau nie ganz genügen kann?" Die Antwort kam nach kurzer Überlegung: "Zumindest muß jeder Mann jeder Frau prinzipiell die Möglichkeit gestatten, noch einen zweiten Mann zu haben und zu lieben." Der Professor war empört, obwohl er doch selber schon so viele Frauen - jeweils für eine kurze Zeit - gehabt und an keiner sein volles Genügen gefunden hatte, ja vielleicht zu einer echten, dauerhaften und verantwortlichen Liebesbeziehung gar nicht fähig war. Doch er spürte, Danuta war eine ganz besondere, nicht bloß wegen ihrer körperlichen Reize hervorstechende Frau, bei der er zum erstenmal den Wunsch hatte, ein ganzes Leben lang mit ihr zusammenzusein. Aber gerade diese Frau wollte nicht nur einem einzigen Mann, also auch nicht ihm, allein gehören. Er ließ es sich nicht anmerken, aber er war beleidigt, irritiert und der erst vor kurzer Zeit aufgekommene Wunsch, von seinem bisherigen Casanova-Stil abzulassen und sich ganz und dauerhaft einer Frau, nämlich Danuta, zu widmen, begann sich schon wieder in Luft aufzulösen. "Na ja", sagte er sich bescheidend, "der Urlaub ist anregend, ihr Körper phantastisch. Carpe diem! Auch wenn Du ihre Seele nie ganz besitzen wirst, erfreue Dich doch an ihrem herrlichen Leib." In gewisser Weise war er sogar erleichtert über diese Entwicklung der Dinge, die ihn nicht zu dem zwang, wovor er stets Angst hatte, nämlich sich an eine einzige Frau zu binden. Er wußte, nach den Ferien oder irgendwann, jedenfalls in Bälde, würde er wieder frei sein für eine neue Beziehung. "Die Dauer", sagte er sich ein wenig zynisch, "liegt bei mir eben nicht in einer einzigen Liebesbeziehung, sondern in der Stetigkeit, mit der ich die Frauen auswechseln kann. Ich bin ja nicht schlecht zu ihnen und irgendwie auch priesterlich-seelsorgerlich in dem Sinne, daß ich in ihnen nie das schmerzliche Gefühl hinterließ, sie verlassen zu haben." Ein wenig war er dabei sogar stolz auf seine Cleverneß, die ihm letztlich immer einen blendenden Einfall beschert hatte, der den Frauen, mit denen er sich eingelassen hatte, stets den Eindruck vermittelte, daß nicht er ihnen, sondern sie ihm am Ende den Laufpaß gegeben hatten. Stolz war er sodann auch darauf, daß er ein so "tolles Weib" wie Danuta herumgekriegt hatte.

Trotzdem sehnte er sich insgeheim schon wieder nach einem neuen Jagdobjekt. Und insgeheim wartete er auch schon auf eine passende Gelegenheit, um sich einen "anständigen" Abgang zu verschaffen. Die Gelegenheit sollte sich bald ergeben. Danuta hatte, nachdem sie aus den Ferien zurückgekehrt waren, ihren Professor mit aufs Land genommen, wo ihre Eltern einen großen Bauernhof besaßen. Obwohl sie ihnen und ihrem Bruder, der ebenfalls anwesend war, nicht sagte, daß der Professor zugleich auch Priester sei, schienen Mutter und Bruder etwas in der Richtung zu ahnen. Jedenfalls benahmen sie sich ausgesprochen kühl, teilweise direkt ablehnend dem Fremden gegenüber, während Danutas Vater die Gespräche mit ihm zu genießen schien. Zu ihrem Vater hatte Danuta auch ein viel besseres Verhältnis als zu ihrer Mutter. Aber der Professor, der ja seinen Abgang vorbereitete, betonte vor Danuta immer häufiger, daß er sich im Haus ihrer Eltern nicht wohlfühle, da doch ihre Mutter ebenso wie ihr Bruder so gegen ihn seien. Als sie ihn dann noch allein mit ihnen auf dem Hof ließ, weil sie sich mit ein paar früheren Klassenkameradinnen aus der Nachbarschaft treffen wollte, stand sein Entschluß fest: "Die Gelegenheit nutze ich und mache mich aus dem Staub".

Er belog sich selbst, indem er sich einredete: "Die Schuld, daß ich sie verlasse, trifft doch eindeutig sie. Sie will mich zu diesem Treffen nicht mitnehmen, obwohl sie zugegeben hat, daß ihre früheren Mitschülerinnen ihre Ehemänner bzw. Freunde mitbringen". Tatsächlich hatte sie das gesagt und dummerweise hinzugefügt, daß es ihr selber ja nichts ausmache, daß aber ihre Mitschülerinnen den Eindruck bekommen könnten, er sei zu alt für sie. Deshalb sei es besser, wenn er gar nicht mitkomme, damit er keine Enttäuschung erlebe. "Also, wenn Du mich nicht mitnimmst", schrie er sie an, "triffst Du mich bei Deiner Rückkehr nicht mehr hier an". Sie vernahm's - und ging trotzdem. Da packte er seine sieben Sache und verließ heimlich, ohne sich zu verabschieden, das Haus ihrer Eltern.

Die großen Semesterferien neigten sich dem Ende zu, und der Professor fühlte, daß er in ihnen genug erlebt hatte, so daß er jetzt, im anbrechenden Semester, wieder den der Wissenschaft völlig hingegebenen, total enthaltsamen Theologen spielen konnte. Aber sein sexueller Appetit und die, wie er sie etwas abfällig zu nennen pflegte, "sinnliche Schönheit" der Frauen sollten bald schon wieder seine "guten" Absichten durchkreuzen. In eine seiner Vorlesungen hatte sich nämlich schon wieder eine ganz "untheologisch" aussehende junge Dame verirrt, hatte sich gleich in der ersten Sitzreihe niedergelassen und ihm ihre schönen Beine lasziv zur Schau gestellt. "Sie ist", sagte sich der Professor, "nicht ganz so schön wie Danuta, aber noch viel sinnlicher. Ein geiles, knuspriges Stück Fleisch". Tatsächlich schien auch diese junge Dame nichts für den Inhalt seiner Vorlesungen übrig zu haben, sie schaute ihn zwar unverwandt an, hypnotisierte ihn fast mit ihrem Blick, aber genau das mußte es ihr unmöglich machen, auch auf den Inhalt seiner Worte zu achten. Später, als sie sich nähergekommen waren, gestand sie ganz offen: "Du glaubst doch nicht etwa, daß ich wegen Deiner langweiligen Vortragsart in Deine Vorlesung gekommen bin. Ich wollte lediglich erproben, ob auch ein Theologe bei mir schwach wird."

Aber von dieser Strategie einer betörenden Frau wußte der Professor zum gegenwärtigen Zeitpunkt noch nichts. Vielmehr suchte er selber nach der geeignetsten Art und Weise, wie er an sie herankommen könnte. Die Situation war ja ähnlich wie beim vorigen Mal: Er durfte sich vor den Studentinnen und Studenten der Theologie keine Blöße geben, mußte eisern sein Image als über alle Lust der Sinne erhabener Priester bewahren. Auch in den Pausen zwischen den Vorlesungen war die junge Dame wieder - wie damals Danuta - von einer ganzen Schar junger Theologen umringt. Wie sollte er da an sie herantreten und sie um ein Rendezvous bitten, ohne daß die ihn scharf beobachtenden jungen Leute in ein Gelächter ausgebrochen wären. Trotzdem: "Dieses Weib muß ich besitzen", sagte er sich. "Aber wie?", fragte er sich im selben Atemzug. Ihm fiel zunächst gar nichts ein. Gott sei Dank besuchte sie immer wieder seine Vorlesungen, so daß er die Hoffnung nicht aufgab, doch noch mit ihr in Verbindung treten zu können.

Schließlich faßte er einen in seinen eigenen Augen tollkühnen Plan, von dem er wußte: "Wenn der schiefgeht, bin ich bis auf die Knochen blamiert." Er schrieb nämlich auf einen Zettel, den er nachher kunstvoll zusammenfaltete, die Worte: "Liebe Unbekannte, ich möchte Sie unbedingt treffen. Seien Sie heute mittag gegen 1.00 Uhr in der St. Albertus-Gasse vor dem Hauptportal der dortigen Kirche oder heute abend gegen 19.00 Uhr ebendort." In der Pause zwischen zwei Vorlesungsstunden nahm er dann allen Mut zusammen, drängte sich zwischen den die junge Dame umgebenden Theologiestudenten hindurch und gab ihr seinen Zettel mit den Worten: "Sie wollten doch von mir noch eine Liste mit wichtigen theologischen Neuerscheinungen haben. Hier ist sie". Der Professor wußte: Wenn sie jetzt den Zettel öffnet und höhnisch erklärt: "Aber da steht ja nichts dergleichen, vielmehr fordern Sie mich unmißverständlich zu einem Rendezvous auf", war er erledigt. Aber sie nahm den Zettel wie etwas ganz Selbstverständliches entgegen, öffnete ihn langsam, faltete ihn dann wieder zusammen und sagte nur ein knappes "Dankeschön".

Zum ersten der beiden angegebenen Treff-Zeitpunkte erschien sie nicht. Aber zum zweiten war sie sogar eher da als der Professor. Er schlug, wie er es meistens in solchen Fällen tat, zuerst einen gemeinsamen Spaziergang vor. Diesmal konnte er sich die theologische Mitleidsmasche ersparen. Er spürte, diese junge Frau - Bianca war ihr Vorname - wollte ihn unbedingt, ohne alle hergeholten Begründungen. Trotzdem ließ er sich jetzt betont Zeit. Er wußte ja, daß er sie an der Angel hatte, daß sie danach lechzte, ihm zu gehören. Nach dem Spaziergang gingen sie in eine etwas verrufene Bar, von der der Professor annehmen konnte, daß ihnen dort kein Theologe begegnen würde. In den tiefen Sesseln der Bar schmiegten sich ihre Körper sinnlich-derb aneinander, danach tanzten sie so engumschlungen, daß selbst die anderen Tanzpaare befremdet und ein wenig entrüstet zu ihnen herüberschauten und dann forderte er sie schließlich auf, mit ihm ins Bett zu gehen, noch heute nacht. Spätestens jetzt hatte er aber doch erwartet, sie würde sich mindestens ein klein wenig zieren. Aber sie war ganz ehrlich: "Na endlich", seufzte sie. "Sie haben sich aber lange Zeit gelassen". "Dafür", flüsterte er ihr lachend und beflügelt obendrein vom Rotwein, dem sie mächtig zugesprochen hatten, zu, "entweihen wir jetzt das theologische Institut, indem wir uns dort lieben werden." Der Professor verfügte nämlich über ein Arbeitszimmer in diesem großräumigen Institut, in dem er auch schon mal auf seiner bequemen Couch übernachtete.

Auf dieser Couch lag also ein paar Minuten später Bianca und ließ sich willenlos von ihm ausziehen. Doch als er sich ebenfalls auszog und zu ihr legte und sie jetzt ganz in Besitz nehmen wollte - war sie eingeschlafen. Er küßte sie zwar noch heftig auf die Stirn, Wangen, Mund und Hals, aber als sie auch unter seinen gewaltigen "Schmatzern" nicht aufwachte, beließ er es dabei, legte sich neben sie und schlief sofort ein. "Wir machen's halt nach dem Aufwachen" war sein letzter Gedanke, ehe auch er in Morpheus' Arme sank.

Doch zur "Liebe am Morgen" kam es nicht. Gegen 7.00 Uhr früh stand der Hausmeister des Instituts plötzlich im Arbeitszimmer des Professors, der vergessen hatte, es abzuschließen. Zwar drehte sich der Mann auf dem Absatz um, als er den Professor mit einer Frau auf der Couch liegen sah, und verließ wortlos den Raum. Aber Robert wußte, daß dieser streng katholische Laie kein Pardon kannte, daß er die Sache dem Dekan der Fakultät und dieser sie weiter an den Bischof melden würde.

Tatsächlich bekam der Professor schon am übernächsten Tag eine Vorladung zum Bischof. Da er wußte, worum es bei diesem Gespräch gehen würde, hatte er sich dafür eine gewisse Strategie zurechtgelegt. Als die Sprache auf die neben ihm auf der Couch des Instituts liegende junge Dame kam, log Robert einfach drauflos. Die junge Dame sei seine Schwester, und nachdem er sie vom Bahnhof abgeholt habe, seien sie erst noch in ein Weinlokal eingekehrt und hätten da wohl dem Wein ein wenig zu sehr zugesprochen. Da das Institut in der Nähe des Weinlokals liege, habe er es für einfacher gehalten, seine Schwester im Institut übernachten zu lassen, weil er sich nicht mehr sicher genug gefühlt habe, sein Auto bis zu seiner außerhalb der Stadt liegenden Wohnung zu bugsieren. Er selbst habe ursprünglich auf einem Sessel in seinem Arbeitszimmer übernachtet, müsse dann aber irgendwann in der Nacht in seiner Schlaftrunkenheit und Benebeltheit vom Alkohol auf die Couch gerutscht sein.

Seine Exzellenz hörte mit strenger, aber auch irgendwie amüsierter Miene zu. "Geben Sie sich keine Mühe", erklärte er schließlich, "die Dame ist nicht Ihre Schwester. Wir haben schon unsere Recherchen angestellt und kennen sie. Sie hat viele Männerbekanntschaften, aber daß neuerdings auch Sie, ein Priester und Theologieprofessor, zum Kreis ihrer Liebhaber gehören, ist empörend. Bedenken Sie doch das Ärgernis für unseren frommen Hausmeister, der Sie in flagranti erwischt hat und die Sache natürlich weitererzählen wird. Also Strafmaßnahmen, die ich über Sie verhängen muß, sind unvermeidlich. Schon wegen der Publizität, die die Sache bekommen wird."

Nun war Seine Exzellenz nur etwa zehn Jahre älter als Robert, und der kannte ihn noch aus der Zeit, als der Bischof noch kein Bischof, sondern Theologieprofessor war. Robert wußte nichts Genaueres, aber er hatte von verschiedenen Seiten gehört, daß der Bischof damals - als Theologieprofessor - auch kein Kostverächter gewesen sei. Als Robert nun hörte, daß Strafmaßnahmen gegen ihn in Anwendung gebracht werden sollten, schrillten bei ihm die Alarmglocken. Jetzt mußte er das Argument anbringen, das er an sich hatte vermeiden wollen: "Exzellenz, Sie wissen ja auch: 'Der Geist ist willig, das Fleisch ist schwach.' Sie waren als Theologieprofessor früher doch auch von hübschen Studentinnen umgeben und hatten da sicher auch ihre Versuchungen, manche behaupten sogar: ein paar Affären."

Robert bereute schon, daß er so etwas gesagt hatte, denn der Bischof verwahrte sich zornentbrannt gegen "derartige Unterstellungen". Aber zu

Roberts Erstaunen fragte der Bischof kurze Zeit später fast sanftmütig, ob es denn viele seien, die über seine Affären redeten. Robert erfaßte blitzschnell die Situation. Er wußte, daß der Bischof sehr ehrgeizig war und noch weitere Sprossen auf der Stufenleiter der Kirchenkarriere erklimmen wollte. Da konnte er ein sich ausbreitendes Gerede über eigene Liebesaffären, selbst wenn diese schon einige Jahre zurücklagen, keinesfalls gebrauchen. Da konnte ihm auch das Breittreten des jetzigen Falles, in den er, Robert, verwickelt war, nicht von Nutzen sein. Robert übte also ein wenig Druck aus: "Exzellenz, lassen wir doch das Ganze auf sich beruhen. Sonst könnte es eine Kettenreaktion geben, in die vielleicht auch Sie hineingezogen werden." Zu dem Zeitpunkt wußte Robert noch gar nicht, daß der Bischof unter den Nonnen, die ihn in seiner Residenz bedienten, eine Favoritin hatte, die ihm auch nächtens über die Einsamkeiten eines diözesanen Alleinherrschers hinweghalf. Robert konnte also auch gar nicht wissen, wie sehr er mit der sanften Drohung einer Kettenreaktion den Nagel auf den Kopf getroffen hatte.

"Ganz auf sich beruhen lassen können wir Ihre Angelegenheit leider nicht", erklärte schließlich der Bischof. "Ich habe ja vollstes Verständnis für Sie. Aber Sie haben das allererste Prinzip verletzt, das in solchen Fällen für uns Priester gilt: 'Si non caste, caute' ". Wenn Sie sich schon nicht beherrschen können, hätten Sie vorsichtiger sein müssen. Jetzt aber weiß es der Hausmeister und durch ihn bald eine ganze Menge Leute. Ich schlage deshalb vor: Sie begeben sich für sechs Wochen in ein Kloster. Dem Hausmeister, der die Sanktion gegen Sie dann sicher weiterverbreiten wird, werde ich sagen, ich hätte Sie schwer bestraft. Sie würden sechs Wochen bei Wasser und Brot und schwerer körperlicher Arbeit Buße für Ihr Vergehen tun. In seiner frommen Naivität wird er die Worte seines Bischofs für bare Münze nehmen. Was Sie selbst im Kloster machen werden, überlasse ich natürlich ganz Ihnen. Sie können das Kloster im Lauf dieser sechs Wochen auch immer wieder einmal verlassen, nur lassen Sie sich hier in unserer Bischofs- und Universitätsstadt während dieser Zeit nicht blicken. Dem Dekan Ihrer Fakultät werde ich es ohne Schwierigkeiten plausibel machen können, daß Ihre Vorlesungen und Seminare jetzt für ein paar Wochen ausfallen. Und für alle Zukunft empfehle ich Ihnen: Wenn Sie schon nicht enthaltsam leben können, wozu ich Sie allerdings weiterhin dringend auffordern möchte, dann seien Sie wenigstens weit vorsichtiger als bisher. Ihre jetzige Affäre war ja - wir haben da so unsere Informationen - keineswegs die einzige. Vermeiden Sie vor allem Liebeleien mit Studentinnen. Sie befinden sich hier auf dem Präsentierteller, da fällt es doch besonders auf, wenn Sie sich als Theologieprofessor mit Studentinnen einlassen."

Der Professor war sichtlich erleichtert, als er jetzt mit nun wieder federndem Gang den Audienzsaal der bischöflichen Residenz verließ. "Wie gut", sagte er ironisch zu sich selbst, "kann doch so eine 'Beichte' bei einem kirchlichen Vorgesetzten sein, wenn der selber Dreck am Stecken hat". Aber keine Beichte ohne guten Vorsatz. Und so nahm sich auch unser Professor ernstlich vor, in Zukunft vorsichtiger zu sein und den Rat des Bischofs zu beherzigen, es zumindest nicht mit Studentinnen hier auf dem Präsentierteller der Bischofs- und Universitätsstadt zu treiben. "Aber alles braucht selbstverständlich einen gewissen Zeitraum für seine Durchführung", war sein seinen guten Vorsatz sofort wieder einschränkender Gedankengang. "Erst muß ich noch mein Werk an Bianca", wie er es nannte, "vollenden. Wenigstens einmal muß ich sie doch 'anbohren'. Danach wird mir schon etwas einfallen, um sie loszuwerden." Vorsichtig allerdings wollte er sein, nachdem er seine sechs Wochen im Kloster abgesessen haben würde. Also ins theologische Institut oder in seine Privatwohnung, die von 'guten' katholischen Nachbarn scharf beäugt wurde, wollte er Bianca nicht mehr mitnehmen. Er traf sich daher nach den sechs Wochen im Kloster mit ihr in einem Waldrestaurant, etwa 15 km außerhalb der Stadt, und nach einem opulenten Mittagsmahl schlug er ihr einen Spaziergang vor. Immer tiefer ging er mit ihr in den Wald hinein, und als er glaubte, daß sie hier zwischen den dicht beieinander stehenden Bäumen und Büschen kein Mensch sehen würde, umfaßte er das Mädchen und warf es auf den Boden. Sie hatte nichts dagegen, sie umarmte den nun auf ihr Liegenden ihrerseits leidenschaftlich. Genau aber zu dem Zeitpunkt, als der Professor seine Hose herunterzog, um sein "Werk" nun endgültig an ihr zu vollenden, hörte er ein Geräusch wie von Schritten und sah auch gleich darauf die Gestalt eines sich aus dem Staub machenden jungen Mannes. Schnell zog der Professor seine Hose wieder hoch und lief ihm nach. Obwohl er nicht der Schnellste war, glaubte er dennoch aus etwa vierzig Metern Entfernung einen seiner Theologiestudenten erkannt zu haben. Tatsächlich hatte diesen der Bischof auf den Professor angesetzt, um die Einhaltung seiner Anweisung zu überwachen. Davon erfuhr Robert aber erst später, als er erneut zum Bischof vorgeladen wurde und dieser es ganz offen vor ihm zugab.

Im Moment aber war dem Professor alles egal. "Ich muß diese wilde sinnliche Stute jetzt reiten, egal, was danach passiert!" Er kehrte also zu Bianca zurück, und sie liefen noch tiefer in den Wald hinein, bis sie zu einer Lichtung kamen. Am anderen Ende der Lichtung stand eine kleine Hütte und in ihr vollbrachte Robert endlich sein "Werk" an Bianca. An sich wollte er ihr ja sofort danach unter irgendeinem Vorwand den Laufpaß geben, um danach wenigstens in der Stadt, in der er lehrte, und ihrem näheren Umkreis die "Keuschheit" eines Priesters und Theologieprofessors "vorzuleben" und auf diese Weise die Anweisung des Bischofs in die Tat umzusetzen. Aber dieses "Biest", wie er sie auch nannte, hatte ihn derart wollüstig gemacht, daß der Akt in der Hütte einfach nicht der letzte gewesen sein durfte. Außerdem hatte ihn Bianca noch dadurch provoziert und neugierig gemacht, daß sie behauptete: "Beim ersten Mal mit einem neuen Mann bin ich noch lange nicht so gut wie beim zweiten, dritten oder vierten Mal."

Aber zu diesem zweiten, dritten oder vierten Mal kam es dann doch nicht mehr. Als der Professor mit Bianca zu seinem vor dem Waldrestaurant geparkten Wagen zurückkehrte, steckte unter dem Scheibenwischer der Windschutzscheibe ein Zettel mit der Aufschrift: "Na, war's schön? Es grüßen einige Ihrer von Ihnen maßlos enttäuschten Theologiestudenten". Auch auf einer Scheibe des Autos von Bianca klebte ein Zettel mit der Frage: "Muß es denn ausgerechnet ein Priester sein?" Die zweite Vorladung zum Bischof ließ nicht lange auf sich warten. Der Ordinarius der Diözese war zwar auch bei diesem Treffen verständnisvoll, aber er betonte dennoch streng und fast feierlich: "Es muß jetzt etwas nach außen hin geschehen, sonst kann ich mein Gesicht nicht wahren, weil ich nichts gegen Sie unternommen habe. Ich rate Ihnen dringend - das kommt einer befehlsmäßigen Anordnung gleich -, Ihre Privatwohnung aufzugeben und in das von Ordensschwestern geführte und betreute Priesterhaus zu ziehen. Da leben Sie unter Mitbrüdern, die sich gegenseitig stützen und stärken, und dort haben wir Sie auch unter Kontrolle. Wenn Sie aber meiner Anordnung nicht Folge leisten, muß ich Ihnen die missio canonica entziehen."

Der Professor war im Grunde seines Wesens ein Opportunist, ein kirchlich total Angepaßter. Selbst die einzige Stelle in seiner Gehorsamsstruktur, an der er nicht angepaßt schien, nämlich seine ständigen Übertretungen des Zölibatsgesetzes für Priester interpretierte er noch kirchenkonform: "Die Kirche in ihrer jahrtausendealten Weisheit will uns Priester lediglich daran hindern, uns lebenslang an eine einzige Frau zu binden. Für unsere jeweils nur kurze Zeit dauernden Beziehungen zu Frauen aber hält sie ja die Beichte als immerwährenden Ort der Vergebung parat". Nie wäre es dementsprechend unserem Professor eingefallen, gegen kirchliche Vorgesetzte zu rebellieren. Auch im jetzigen Fall fügte er sich also, gab seine elegante und geräumige Privatwohnung auf und zog in das kleine Appartement (ein Arbeits-, ein Schlafzimmer) im Priesterhaus ein. Bianca ließ er wissen, daß ihm der Bischof härteste Strafen für den Fall des Rückfalls in die Beziehung zu ihr angedroht habe. Aber die war zu diesem Zeitpunkt noch so in ihn vernarrt, daß sie es sogar mutig versuchte, ihn im Priesterhaus zu besuchen. Der Professor aber ließ sich verleugnen, und die resoluten Nonnen des Priesterhauses beförderten Bianca kurzerhand und umgehend zurück auf die Straße. Schließlich mußten sie die Ehre eines Priesters schützen. Auch der Professor dachte zunächst, daß sie nur von diesem Motiv beseelt waren. Bald aber merkte er, daß das ebenso Frauen wie Bianca waren und es nicht ertrugen, daß ein Priester ihr vor ihnen den Vorzug gab.

Denn kurz nachdem Bianca von den Nonnen wieder an die frische Luft gesetzt worden war, trat eine von ihnen - sie war, wie der Kenner Robert schnell feststellte, mindestens zehn Jahre älter als Bianca, aber sehr gut gebaut - in sein Arbeitszimmer und entkleidete sich langsam und geradezu würde- und weihevoll vor ihm. "Mit den Frauen da draußen in der Welt, lieber Professor", sagte sie energisch, "ist es aus für Sie. Aber wir sind ja auch noch da, und wenn Sie eine von uns lieben, bleibt es unter uns, in unserer großen geistlichen Familie, und dringt nicht nach außen. Wir gewähren Ihnen also auch Schutz vor der bösen Welt". Was blieb dem "armen" Theologieprofessor übrig, dem man die Welt auf diese Weise für immer vorenthalten wollte. Er ergab sich in sein Schicksal und in die weit ausgebreiteten Arme der so gütig um ihn besorgten Ordensschwester, wobei seine Entscheidung für sie noch dadurch erleichtert wurde, daß er sich sagte: "Also mit einer Nonne, einer Gottgeweihten, einer Braut Christi, hast Du es eigentlich noch nie gehabt. Schauen wir mal, ob es etwas Besonderes sein wird." Etwas Besonderes, ein Fascinosum ganz besonderer Art war's dann aber nicht. Diese Frau empfand, fühlte, liebte, jauchzte, keuchte ganz ähnlich wie die »Frauen in der Welt« auch. Und der Professor empfand fast so etwas wie Mitgefühl für jene vielen Nonnen, die in den meisten Fällen gar keine Möglichkeit haben, von einem Mann beglückt zu werden, weil sie außer dem Beichtvater, dem meist schon älteren und vertrottelten Gärtner und den selten ins Kloster kommenden Handwerkern kaum je ein männliches Wesen zu Gesicht bekommen.

Der professorale Casanova war aber fortan in seinen Möglichkeiten zum Anmachen immer neuer Frauen »konstitutiv« eingeschränkt. Mit den "jungen Dingern" da draußen in der Welt konnte er es nicht mehr treiben - zu scharf wurde er von den Spähern des Bischofs und den eifersüchtigen Nonnen überwacht. Und allzu risikofreudig oder gar rebellisch war er nun einmal nicht. Mit den »Frauen da drinnen«, den Ordensschwestern also, aber wollte er es auf die Dauer nicht machen. Die meisten von ihnen waren schon älter und kein echtes Objekt seiner Begierde. Und der einen, die sich so resolut vor ihm ausgezogen hatte, war er bald überdrüssig. So wurde der klerikale Casanova mit den Jahren noch ein ganz "tugendsamer" Priester, der von den Nonnen, die ihrerseits nun allmählich auch kein großes erotisches Interesse mehr an ihm hatten, den jüngeren Theologen im Priesterhaus sogar manchmal als Vorbild sexueller Enthaltsamkeit anempfohlen wurde. Auf unseren Casanova paßte das zynische Urteil eines anderen Theologieprofessors: "Moral ist, wenn man nicht mehr kann."

Drittes Kapitel

Verführt und ausgenutzt - Leidensgeschichte einer Nonne

Auch der folgende Fall handelt von einer Nonne, stellt sich aber ganz anders dar als der eben am Ende des vorigen Kapitels geschilderte. Im jetzigen Fall geht es um eine Ordensschwester, die nun überhaupt nicht vorhat, einen Priester zu verführen, um so schmerzlicher dann aber auf ihn hereinfällt. Sie ist sehr fromm, sehr gehorsam und eine der jüngsten Nonnen im Kloster. Von der Mutter Oberin erhält sie den Auftrag, das Zimmer des jungen, im Kloster logierenden, sein Zweitstudium an der nahen Universität absolvierenden Priesters tagtäglich aufzuräumen und ihm die Mahlzeiten zu bringen. Sie solle das "sehr höflich und nett" machen, heißt ihr die Oberin, "denn wir können bei dem eklatanten Priestermangel froh sein, daß er bei uns wohnt und jeden Tag für uns die Messe lesen kann". Die junge Nonne hält sich also an die Anweisungen der Oberin, mit der Zeit tut sie sogar ein wenig mehr, ohne sich etwas dabei zu denken. Der junge Priester macht einen sympathischen Eindruck, es fällt ihr gar nicht schwer, ihn überaus höflich, nett und charmant zu bedienen. Sie bemerkt es selber gar nicht so recht, daß sie die Aufenthalte in seinem Zimmer allmählich immer mehr ausdehnt, ihn in Gespräche über Gott und die Welt verwickelt, nur um ein wenig länger in seiner Nähe zu verbringen. Schließlich bringt sie sogar ihre Harfe mit, um ihn beim Abendessen und danach mit ihrem Spiel zu erfreuen. Unbewußte Erotik mag dabei eine Rolle spielen, ihr Bewußtsein aber sagt der Naiven nur, daß Priester - auch dieser hier - etwas ganz Reines, Heiliges, Unantastbares seien. Unkeusche Gedanken kommen ihr also bei der ganzen Sache überhaupt nicht in den Sinn.

Aus der Sicht des in diese Sache verwickelten Priesters stellte sich die

Situation natürlich schon etwas anders dar. Ursprünglich hatte auch er mit der jungen Nonne nicht das Geringste im Sinn. Zu sehr war er mit seinem Studium und der Fertigstellung seiner Doktorarbeit beschäftigt. Anfänglich machte es ihn sogar nervös, daß die Nonne ihre Aufenthalte bei ihm so dehnte und ihn noch dazu mit ihrem Harfenspiel langweilte. Aber auch er ist natürlich ein Produkt der kirchlichen Erziehung, die die künftigen Priester ständig vor der Verstellungs- und Verführungskunst des "Weibes" warnt. Also sagt er sich nach einiger Zeit: "Diese Frau weiß es vielleicht selbst nicht. Aber un- und unterbewußt läßt sie ihren Charme spielen, flirtet sie mit mir, möchte sie am Ende doch meine körperliche Liebe." Und er selbst? Auch er spürt die Anziehung dieses weiblichen Wesens in seiner unmittelbare Nähe, aber er lehnt sich dagegen auf: "Wenn herauskommt, daß ich mich mit einer Nonne eingelassen habe, ist meine theologische Karriere abrupt beendet." Er denkt dabei auch an die Schwester Oberin, die immer wieder einmal ins Zimmer tritt, wenn die junge Nonne gerade bei ihm ist, die also zweifellos kontrolliert, ob zwischen den beiden alles mit rechten Dingen zugeht. Der junge Mann ist ihr aber sogar ein wenig dankbar dafür, denn wer weiß, ob er sich beherrschen könnte, wenn er nicht wüßte, daß die Oberin immer in der Nähe ist.

Und die Oberin? Die stattete tatsächlich dem jungen Mann immer wieder mal einen Besuch ab, um ihn und die junge Nonne zu überprüfen. Aber schließlich war sie überzeugt: "Die beiden sind harmlos, die haben nichts Unanständiges miteinander vor. Ich kann meine Kontrollbesuche einstellen, brauche auch nicht die geringsten Befürchtungen zu hegen, daß sie in meiner Abwesenheit etwas anstellen." Eines Tages teilte sie daher dem Priester mit, daß sie für ein paar Tage verreise, um an Exerzitien im Mutterhaus des Ordens teilzunehmen. Instinktiv und spontan erkannte der Priester, daß damit der wichtigste Stützpfeiler seiner "Tugend" zusammenbrechen mußte. Vehement bittet er die Oberin, nicht zu den Exerzitien zu fahren. Aber deren Entschluß steht fest, der junge Mann merkt, daß er gar nichts mehr bei ihr ausrichten kann. Zwar kämpft er noch ein paar Stunden, nachdem sie schon abgereist ist, mit der Versuchung, aber dann fügt er sich in sein "Schicksal": "Gott oder der Teufel will das so oder läßt das zu. Ich kann nicht anders!"

Völlig verändert in seinem Wesen, "verfinstert", wie es die junge Nonne später vor ihm ausdrückt, bereit, sie sogar zu vergewaltigen, wenn sie ihm nicht zu Willen sein sollte, eilt er zur Klosterkapelle, wo er sie auf dem Harmonium spielen hört. Barsch, ganz im Gegensatz zu seinem sonstigen Benehmen, befiehlt er ihr, sofort "mit der Musik" aufzuhören und auf sein Zimmer zu kommen. Sie folgt, weil sie zu folgen gewohnt ist. Im Zimmer angekommen, verriegelt er sofort hinter ihr die Tür. Dann wirft er sich an sie, auf sie, drückt sie auf den Fußboden, bedeckt ihr ganzes Gesicht mit Küssen, reißt ihr dann die Haube vom Kopf, zieht ihr Ordenskleid hoch, ihre wollene Strumpfhose und Schlüpfer herunter und ergeht sich an ihr leidenschaftlich, ausgiebig. Er ist wie von Sinnen und sie wie tot. Sie spürt gar nichts, liegt fast ohnmächtig in seiner festen Umarmung, weiß nicht, wie ihr geschieht.

Dann hat er sich - nach langen Monaten der Enthaltung - abreagiert, ist erleichtert, fast wieder ganz normal, sagt heimlich zu sich selbst: "Das genügt mir, jetzt kann ich mich wieder längere Zeit beherrschen, brauche keine Frau mehr, muß bloß diese hier so schnell wie möglich herauskomplimentieren." Er hebt die noch völlig Benommene behutsam auf, bittet sie inständig um Verzeihung, weil er doch ganz gegen seine sonstige Gewohnheit die Beherrschung verloren habe. Aber es sei ein "einmaliger Umfaller", der sich nicht wiederholen werde, und er bitte sie herzlichst, seinen Ausrutscher niemandem, vor allem der Mutter Oberin nicht, zu verraten.

Langsam kommt Ursula, so heißt die junge Nonne, wieder zu sich, realisiert allmählich, was geschehen ist, sagt ihm, daß er sie schwer enttäuscht, daß sie niemals so etwas von ihm erwartet habe, weil sie ihn für einen Idealisten und ganz keuschen Priester hielt. Aber als er sie zum Abschied noch einmal, zum "letzten Mal", wie er sagt, in die Arme nimmt und küßt, bringt sie schon wieder keinen Widerstand auf, sondern läßt es an sich geschehen. Auch jetzt spürt sie eigentlich noch nichts.

Aber allmählich kommt in den nächsten Tagen die Reflexion. Was ist nur mit ihr passiert? Da ist sie, ein naives Mädchen vom Dorf, ins Kloster gegangen, um Gott allein zu dienen. Da glaubte sie, die auch von ihr, in ihr gespürte Sehnsucht nach dem Mann für immer unterdrücken zu können, weil doch auch die von ihr so hoch verehrten Priester ein Leben lang nur Gott und den Menschen dienen und keiner Frau anhängen. Und jetzt zerstört ausgerechnet ein Priester ihren Glauben. Es kommt ihr vor, als ob sie keinen festen Boden mehr unter den Füßen hat, als ob sie ins Bodenlose fällt. Sie denkt an ihren heiligen Schwur, die ewigen Gelübde, die sie, die allein Gott Geweihte, bereits abgelegt hat, und es wird ihr schwindelig bei diesem Gedanken. "Was habe ich nur getan", schreit sie in ihrer Verzweiflung. "Ich habe Gott selbst, Christus, meinen Bräutigam, betrogen und verraten."

Die nächsten Tage handelt sie wie ein Automat, bringt dem Priester wortlos das Essen aufs Zimmer, wechselt etwa eine Woche lang kein einziges Wort mit ihm. Und auch er macht keine Anstalten, ihr etwas zu sagen. Wenn sie länger im Zimmer zu tun hat, um es aufzuräumen, geht er sofort hinaus und kehrt erst wieder, wenn sie es wieder verlassen hat. Aber dann geht etwas Merkwürdiges in ihr vor. Je länger sie an das Geschehene zurückdenkt, um so mehr sehnt sie sich danach, daß sich die Sache wiederholen möge, daß sie von ihm erneut so stürmisch geküßt und geliebkost werde. Schließlich hält sie es nicht mehr aus. Sie rennt zu ihm, ohne anzuklopfen, und bittet ihn, sie wieder zu küssen. Er sitzt gerade an seinem Schreibtisch in ein Buch vertieft. Verständnislos schaut er zu ihr herüber, erwidert ihr dann trocken, ja eiskalt: "Sie sehen doch, daß ich zu tun habe. Und wir haben uns ja darauf geeinigt, daß es aus sein muß, daß es ein einmaliger Ausrutscher war. Es hat keinen Sinn, es muß ein für allemal Schluß sein." "Dann erlauben Sie mir doch wenigstens, Sie ein letztes Mal zu küssen", bettelt sie. "Sie können ja weiterstudieren und es einfach über sich ergehen lassen." Gnädiglich, ohne irgendeine Gefühlsanwandlung erlaubt er es ihr schließlich, nicht ohne nochmals zu betonen: "Das darf sich aber nicht mehr wiederholen!"

Enttäuscht, deprimiert, verheult, weil sich der Priester von ihren Küssen so gar nicht beeindrucken ließ, verläßt sie sein Zimmer. Einer älteren Mitschwester, die die Weinende auf dem Klostergang sieht, erzählt sie die ganze Geschichte, weil sie sie einfach nicht mehr für sich behalten kann. Die andere Schwester ist empört, eilt schnurstracks zu dem Priester und macht ihm bittere Vorwürfe wegen der jungen Nonne, die er "entweiht" habe. Der spielt den Reuevollen, Schuldbewußten, während es ihm in Wirklichkeit nur darum geht, die Mitwisserin sanfter zu stimmen und dazu zu bringen, daß sie die Sache nicht weitermeldet. Das gelingt ihm auch, indem er obendrein vor ihr darauf hinweist, daß "selbst die Mutter Kirche" gelegentliche Fehltritte ihrer Priester einkalkuliert, dabei aber immer darauf besteht, daß die Treue zu Gott, Papst und Kirche stets über die Liebe zu einer Frau zu stellen sei, selbst wenn man sich einmal mit einer eingelassen habe. "Nun denn", erklärt er abschließend, "angesichts der Unabänderlichkeit und höheren Wertigkeit meiner Priesterweihe und priesterlichen Berufung kehre ich jetzt wieder auf den Pfad der Tugend zurück. Daß das für Schwester Ursula schmerzlich ist, ist mir klar. Mir tut es ja auch weh, aber der von der Kirche uns Priestern gewiesene Weg ist nun einmal der mir in dieser Situation befohlene und gebotene. Würde die Kirche ihr Zölibatsgebot für Priester aufheben, dann sähe ja auch die Sache ganz anders aus, dann ließe ich Schwester Ursula auch nicht so im Regen stehen. Eventuell würde ich sie heiraten. Aber so bleibt mir gar keine andere Wahl."

Die ältere Nonne ist beeindruckt, denkt, dieser Priester mache es sich ja doch nicht so leicht mit ihrer Mitschwester. Daß in Wirklichkeit das Gegenteil der Fall ist, zeigt sich bei der nächsten Begegnung mit Ursula. Wütend, weil sie die Sache an eine Mitschwester verraten hat, bewirft er sie mit den häßlichsten Schimpfworten, schüttelt sie hin und her. Einen Moment lang hat Schwester Ursula sogar den Eindruck, als ob er sie schlagen wolle. Sie fängt an zu weinen, weint hilflos und verzweifelt wegen seiner gnadenlosen Härte. Da übermannt es ihn wieder, er küßt sie plötzlich wie verrückt, fällt erneut über sie her. Widerstandslos, im Widerstreit zwischen Verachtung und noch in ihn Verliebtsein, läßt sie alles über sich ergehen.

Dann wird ihr eines Tages endgültig und mit letzter Gewißheit klar: "Dieser Priester liebt mich nicht. Er ist ein totaler Egoist." Was war geschehen? Bei ihr war die Menstruation ausgeblieben, und sie war zu ihm gegangen, hatte ihm das gesagt und ihn gebeten, sie zu heiraten. Sie würde, erklärte sie ihm, aus dem Kloster austreten und er solle doch auch die entsprechenden Konsequenzen ziehen. Er aber, leichenblaß geworden, nennt sie eine Hure und befiehlt ihr abzutreiben, schreibt ihr sogar eine Abtreibungsadresse auf. "Glauben Sie nur ja nicht, daß ich je vorgehabt habe, Sie zu heiraten", fügt er noch hinzu und schließt daran gleich die freche Frage an: "Woher weiß ich denn überhaupt, daß Sie nicht auch schon mit anderen Priestern, meinem Vorgänger hier im Kloster zum Beispiel, Verkehr gehabt haben, wo Sie doch mir gegenüber so wenig Widerstand leisteten?" Dieser in eine Frage verpackte zynische Vorwurf trifft Schwester Ursula wie ein tödlicher Hammerschlag. Sie ist wie gelähmt. Völlig kraftlos verläßt sie schließlich das

Zimmer des Priesters. Einige Tage später stellt sich die Monatsblutung doch noch ein. Aber dieser Priester, ja im Grunde alle Priester sind für sie gestorben. Sie schwört: "Lieber will ich verwelken und vertrocknen als einem Priester noch einmal zu Willen zu sein."

Aber auch nach Beendigung der Affäre steht ihr noch ein schwerer Gang bevor. Sie fühlt sich als Todsünderin, als Brecherin eines heiligen Gebübdes. Bei dem Priester, der sie so gedemütigt und verletzt hat, kann und will sie aber nicht beichten, darf sie, wie sie weiß, auch gar nicht, weil dies die Kirche unter Androhung der Exkommunikation verbietet. Beim nächsten erlaubten Ausgang - die Ordensgemeinschaft, der sie angehört, ist kein strenger, sich von der Außenwelt total abschottender Orden - eilt sie daher zur nahegelegenen Pfarrkirche und beichtet ihr "Vergehen" dem jungen Vikar, der hier gerade seine erste Kaplanstelle angetreten hat und zu dem Zeitpunkt im Beichtstuhl sitzt. "Der ist bestimmt noch ohne Vorurteile und wird Verständnis für mich haben", denkt sie. Aber das Gegenteil ist der Fall. Der junge Priester, bar jeder Lebenserfahrung und noch total erfüllt von der strengen Moralkasuistik, die er im Priesterseminar gelernt hat, staucht sie fürchterlich zusammen und weist sie schroff aus dem Beichtstuhl, ohne ihr die Absolution erteilt zu haben. In seinen Augen hat sie eine ganz entsetzliche Tat begangen, weil sie die ewigen Gelübde gebrochen, Verrat an Gott, Christus und ihrer Ordensgemeinschaft verübt hat. "Ich fühle mich also gar nicht befugt, Ihnen die Lossprechung zu erteilen", sind seine letzten Worte, bevor Ursula den Beichtstuhl verläßt.

Auch ein anderer Beichtvater, den sie ein paar Tage später in einer anderen Kirche aufsucht, kennt kein Erbarmen und verweigert ihr die Absolution. Die arme Schwester ist völlig fertig: erst zerbricht ihre Liebe und dann vergeben ihr die Confratres, die Amtsbrüder jenes Priesters, der sie verführt hat, noch nicht einmal die "Sünde", die sie seinetwegen begangen hat.

Fürchterliche Gewissensbisse plagen sie, weil sie doch obendrein ständig eine weitere Sünde begeht, eine furchtbare Sünde in den Augen der Kirche. Sie empfängt ja weiterhin jeden Tag während der Messe als "Todsünderin", als die sie sich fühlt, den »Leib des Herrn«. Täte sie es nicht, nähme sie nicht am eucharistischen Mahl teil, dann wüßten Oberin und Mitschwestern sofort, daß sie eine schwere Sünde begangen haben muß, und der Verdacht, daß diese Sünde etwas mit dem Priester, auf dessen Zimmer sie so oft ist, zu tun hat, würde sich den anderen Nonnen sehr nahelegen. Sie muß also, obwohl sie nicht die Vergebung ihrer Sünde in der Beichte erhalten hat, heucheln, sozusagen doppelt sündigen, um ihr Geheimnis zu wahren.

In ihrer Seelennot wendet sie sich doch wieder an den Priester, der sie in den ganzen Schlamassel hineingetrieben hat, und erzählt ihm, daß sie schon bei ein paar Beichtvätern gewesen sei, aber keine Lossprechung erhalten habe. Der weist sie zunächst brüsk ab, ruft sie dann aber kurz bevor sie sein Zimmer verläßt zurück. Schnell hat er begriffen, daß auch ihm akute Gefahr droht, wenn diese lästige Nonne in ihren Skrupeln, ihrer Wut, Angst und Enttäuschung die Sache der Schwester Oberin erzählt. "Dann fliegt sie zwar aus dem Orden, aber auch ich bin blamiert und meine theologische Karriere als künftiger Universitätsdozent und Theologieprofessor ist futsch."

Er verspricht ihr daher, einen Beichtvater zu besorgen. Noch vom Priesterseminar her kennt er einen homosexuell veranlagten Confrater, der immer eine seltsame Schwäche für ihn hatte, obwohl er sich selbst trotz aller Bemühungen von dessen Seite nie mit ihm eingelassen hat. Aber er weiß, daß dieser Mitbruder ihm keinen Wunsch abschlagen kann. Er fährt also zu ihm und bittet ihn um einen Besuch im Nonnenkloster, da besagte Nonne ja den weiten Weg zu ihm nicht machen könne. Für diese weite Fahrt bekäme sie keine Erlaubnis von der Oberin. Der Confrater findet die Idee geradezu köstlich: "Ich, der Homo, allein unter all diesen Frauen, gegen die ich zugegebenermaßen eine leichte Aversion habe. Aber Dir zuliebe tu ich's." Skrupel, der Nonne die Absolution für ihren Bruch der ewigen Gelübde zu geben, kennt er nicht. "Das könnte sie sich doch selbst verzeihen, wenn sie das schon für eine Sünde hält", sagt er lächelnd und fügt noch ironisch hinzu: "Eher könnte ich doch eifersüchtig sein, weil Du es mit einer Frau und nicht mit mir getan hast."

Die Sache mit der Absolution für die "sündige" Nonne erweist sich dann aber noch einmal als recht schwierig. Als wenn die Mutter Oberin etwas ahnte, bleibt sie die ganze Zeit in der Nähe des zu Besuch Gekommenen, weicht nicht von seiner Seite. Keinen einzigen Moment lang können der hochwürdige Gast und die "sündige" Nonne für sich allein sein. Der Priester, der sie verführt hat, kann ihr gerade noch unbemerkt zuflüstern: "Sie brauchen ihm nichts mehr zu beichten, ich habe ihm schon alles erzählt. Sobald die Oberin auch nur für einen Augenblick verschwindet, knien Sie einfach vor ihm nieder, und er wird Ihnen die Absolution erteilen." Aber genau dieser Augenblick ergibt sich nicht. Der fremde Priester verliert schließlich die Geduld: "Bei aller Liebe zu Dir, mein Freund, aber ich habe noch andere Pflichten und in einer Viertelstunde geht mein Zug", sagt er zu seinem Mitbruder, zieht seinen Mantel an und begibt sich zum Klostertor. Doch auch da weicht die Oberin nicht von seiner Seite, begleitet ihn vielmehr bis zum Tor. Aber wie der Gast sich schon von ihr verabschiedet hat und auf die Straße heraustritt, die Oberin ihrerseits bereits das Tor geschlossen hat und über den Hof wieder ins Haus zurückkehrt, läuft die junge Nonne durch eine Seitenpforte aus dem Kloster und dem enteilenden Priester nach. Bei ihm angekommen, fällt sie auf die Knie, und er erteilt ihr sozusagen im Vorbeigehen die Lossprechung: "Ego te absolvo in nomine Patris et Filii et Spiritus Sancti." Die Vorübergehenden auf der Straße vor dem Kloster wundern sich zwar, daß da eine Nonne vor einem Priester kniet, der sein Kreuzzeichen über sie macht, doch sie wissen ja auch nicht, daß es wohl selten eine so kuriose, so schwer durchführbare Absolution gegeben hat. Aber egal, die Nonne war "entsündigt", ihr priesterlicher "Ex-Freund" erleichtert und die Mutter Oberin, das Auge der Kirche, noch im allerletzten Moment ausgetrickst.

Viertes Kapitel

Der Elitäre und die Unschuld vom Lande

Alle hielten ihn für einen Super-Idealisten, diesen hageren dynamischen Jesuiten, der wegen seiner brillanten Rhetorik überall in Deutschland zu Vorträgen, Einkehrtagen, Exerzitien etc. für Laien und Kleriker eingeladen wurde. Obwohl er sehr scharf und streng in seinen Predigten mit den Sündern, vor allem den gegen das sechste Gebot Verstoßenden, verfuhr, schien gerade diese Strenge mit ein Grund dafür zu sein, daß er sich bei allen Altersklassen großer Beliebtheit erfreute. Vielleicht sagten sich die Leute: "Gewiß können wir nicht all das einhalten, was er so rigoros fordert. Aber es ist doch schön zu wissen, daß es einen wie diesen Gottesmann gibt, der über die Gesetze der Sinnlichkeit hocherhaben, kein Sklave des sündigen Fleisches ist." So konnte dieser als heiligmäßig geltende Priester es sich sogar leisten, maßlos zu übertreiben, er blieb dennoch den meisten Hörern seiner Ausführungen sympathisch. Kein Murren der Gläubigen erhob sich, wenn er energisch und mit der "ganzen Kraft seiner Persönlichkeit" vor jedem unkeuschen Gedanken warnte, weil bereits ein solcher das Denk-, Konzentrations- und Erinnerungsvermögen beeinträchtige. Masturbation und vorehelicher Geschlechtsverkehr waren besondere Objekte seiner Hetztiraden, aber was Katholiken in dieser Hinsicht auch dem fundamentalistischen Papst nicht verzeihen, ließen sie diesem glühenden Redner ohne weiteres durchgehen. Der Faszinierende schien aller Kritik entzogen.

Faszinierend war dieser Ordenspriester auf seine Weise schon, sogar - wie das Folgende zeigen wird - elitär in seinen clever konstruierten und praktizierten Ansichten und Methoden. Heiligmäßig, rein und keusch im Sinne des Normenkatalogs der katholischen Kirche aber war er sicher nicht, wie der gleich zu schildernde Vorfall beweisen wird. Nach einer seiner feurig vorgetragenen Predigten verläßt er das Kirchengebäude und begibt sich ins Pfarrhaus, genauer in das darin untergebrachte Pfarrbüro, um bei der Pfarrsekretärin sein Predigthonorar abzuholen. Doch das ist ihm plötzlich nicht mehr so wichtig, als er eine im Büro wartende junge Dame erblickt. Er hat überhaupt keine Schwierigkeiten, sie sofort anzusprechen, geniert sich auch nicht im mindesten vor der Sekretärin, sondern bittet die junge Dame, mit ihm ins Nebenzimmer zu kommen. Die kennt und schätzt ihn, bewundert seinen Idealismus, fühlt sich auch ein wenig geschmeichelt, daß dieser großartige Priester sie überhaupt wahrnimmt. Also folgt sie ihm, ohne zu zögern, in einen Nebenraum des Pfarrbüros. Sie registriert kaum, daß er ganz leise den Raum von innen abschließt und den Schlüssel an sich nimmt. Wie durch eine Wolke vernimmt sie dann die Worte, die er an sie richtet: "Wissen Sie, Künstler, Ärzte und Priester sind etwas ganz anderes als die übrigen Menschen. Sie stehen auch über der üblichen Moral, die man vom gewöhnlichen Sterblichen verlangt. Der Priester ist obendrein noch Arzt und Künstler in einer Person. Kurzum: verstehen Sie es nicht falsch, wenn ich Sie bitte, sich jetzt auszuziehen. Sie sind sehr schön, und ich möchte nichts anderes, als Gottes Kunstwerk ohne Hüllen vor mir sehen."

Das junge Ding vermag der Autorität und Überzeugungskraft, mit der er dies sagt, nichts entgegenzusetzen, zieht sich also fügsam vor ihm aus. Er mustert sie dann eingehend aus den verschiedensten Blickwinkeln, rührt sie aber nicht an, bedankt sich vielmehr artig nach dieser Betrachtung ihres schönen Körpers und befiehlt ihr danach, sich wieder anzukleiden. Höflich, aber bestimmt, bittet er sie nur noch um ihre Adresse, dann verabschiedet er sich.

Einige Wochen vergehen, da steht er plötzlich an der Tür ihres Elternhauses und erklärt ihren Eltern, daß er mit ihrer Tochter Heike etwas zu besprechen habe. Die Eltern wissen von nichts, Heike hat ihnen von dem, was sie im Nebenraum der Pfarrkanzlei erlebte, nichts gesagt. Aber tiefgläubig wie sie sind, hegen sie natürlich auch wie die Tochter Ehrfurcht gegenüber der starken Autorität dieses Priesters, also machen sie keinerlei Schwierigkeiten. Als dann Heike und der Ordensmann allein in einem Zimmer des Hauses sind, fordert er sie ohne Umschweife wieder auf, sich auszuziehen, holt dann ein weißes, seidenes Taschentuch hervor und berührt mit diesem so gut wie alle Stellen ihres jungen, frischen Körpers. Dabei fragt er immer wieder: "Spüren Sie etwas dabei? Empfinden Sie Lustgefühle?" Aber sie verneint jedesmal seine Frage, weil sie ganz verlegen und wie erstarrt ist. Er kommt dann noch ein paar Male zu ihr nach Hause, wobei er jedesmal dasselbe Ritual ablaufen läßt, aber auf die eindringliche Frage nach ihren Lustgefühlen erhält er immer wieder die gleiche negative Antwort.

Über die Motive des Priesters, über die Gründe seines Verhaltens kann der Verfasser dieses Berichts hier nur Mutmaßungen anstellen, denn er hat ihn von der jungen Dame erhalten, ohne den Priester dazu befragen zu können. Zunächst einmal könnte man ja annehmen, daß dieser Ordensmann einfach nur neugierig war, daß er lediglich die zölibatär oder hinter Klostermauern lebenden Menschen mystisch-geheimnisvoll vorkommende Nacktheit eines schönen Mädchens zum erstenmal anschauen wollte. Dagegen spricht, daß er den Kontakt zu diesem Mädchen sehr forsch und routiniert herstellte, so als ob er keineswegs zum erstenmal auf diese Art und Weise agierte. Andererseits war er dann aber offenbar nicht routiniert und kühn genug, um das, was er so schlau eingefädelt hatte, auch zu vollenden. Hätte Heike auf seine wiederholten Fragen, ob sie bei seinen Berührungen etwas empfinde, mit einem Ja geantwortet, wäre er wahrscheinlich über sie hergefallen. Aber ihr ständiges Nein baute jedesmal eine unsichtbare Mauer auf, die er dann doch nicht zu überspringen wagte. Vielleicht aber war er auch nur einer jener Spanner, die nur visuell erleben und genießen können, das Ganze höchstens noch mit einigen leichten Hautberührungen garnieren, aber mehr gar nicht wollen und können.

Heike suchte ihrerseits jahrelang nach einer Lösung des Rätsels, warum dieser Priester das mit ihr gemacht habe. Konnte sie nach alledem noch an seinen Idealismus glauben? Hatte er nur ihre Naivität ausgenutzt und sie im Grunde lächerlich gemacht? Lächerlich vor sich selbst, aber auch vor anderen, denen sie das beichtete oder erzählte, um zur Klarheit über diesen Vorfall zu gelangen. Viele Jahre später traf ich sie wieder. Sie erzählte mir, daß sie sich einer feministischen Gruppe angeschlossen habe. Mitglieder dieser Gruppe hätten ihr eindeutig und endgültig klargemacht, daß dieser Ordensmann sie als Objekt seiner Begierde und seiner ästhetischen Phantasien mißbraucht und erniedrigt habe. Sie war aufgrund dessen inzwischen auch aus der katholischen Kirche ausgetreten.

Fünftes Kapitel

Ein Bischof als Hausfreund

Nein, dieser Bischof, von dem hier sogleich die Rede sein wird, war keineswegs ein Adonis. Er war klein, dicklich und dem guten Essen und Trinken zugetan, wobei er sich bereits viel darauf zugute hielt, daß er Süßigkeiten, wo immer man sie ihm anbot, strikt ablehnte. Es mußten schon Fleisch- und Wurstgerichte sein, die er mit mächtigem Appetit verschlang. Die Gläubigen, die ihn kannten, und seine geistlichen Mitbrüder konnten sich gut vorstellen, daß der bei diesem Bischof so stark entwickelte Trieb, gut und reichlich zu essen, alle anderen Leidenschaften, die er möglicherweise in seiner Jugend noch verspürt haben mochte, längst zum Erlöschen gebracht hatte. »Gefräßig, aber keusch«, so charakterisierten ihn manche seiner bischöflichen Confratres, wobei sie sich ein leichtes Grinsen über diese so menschliche Schwäche ihres Mitbruders nicht verkneifen konnten. Die Hierarchen der Kirche sahen diese Schwäche auch keineswegs ungern. Komischerweise betrachten sie sie oft geradezu als Garantie dafür, daß der Betreffende den Sexualtrieb erfolgreich verdrängt und sich dafür um so mehr auf den Essenstrieb gestürzt hat. Spirituellen Beweisen für die Beherrschung des Geschlechtstriebs, beispielswiese einem vergeistigten Aussehen eines Mitbruders, stehen sie interessanterweise eher skeptisch gegenüber. Von den in ihren Predigten so oft bemühten geistigen Motiven und Kräften, die vor der Unkeuschheit schützen sollen, halten sie selbst nicht allzu viel.

In Wirklichkeit aber täuschten sich in Bischof Johannes-Georg, von dem hier die Rede sein soll, alle, die ihn zu kennen glaubten. Sein Sexualtrieb war keineswegs unterentwickelt, Johannes-Georg hatte es seit dem Beginn seiner theologischen Ausbildung nur immer gut verstanden, ihn zu verbergen. Früh war ihm klargeworden, daß man in der Kirche nur Karriere machen kann, wenn man seine wahren Beweggründe stets verschweigt und versteckt. Er machte sich selbst nichts vor, wußte, daß er klein und häßlich war. Deshalb entwickelte er um so größeren Ehrgeiz, den er aber hinter der Maske des jovialen, leutseligen, dem guten Essen hingegebenen Mitbruders zu verbergen wußte. Bischof wollte er bereits unbedingt werden, als seine theologischen Studienkollegen noch nicht einmal wußten, ob sie die Priesterweihe empfangen sollten. Interessanter-, aber auch paradoxerweise verband er mit seinem Wunsch, Bischof zu werden, auch immer schon die Erwartung, dann, wenn er dieses Ziel erreicht haben würde, mithilfe seines Titels und seiner Würde besser an Frauen herankommen zu können. Gewöhnlich meint man ja, daß noch eher der niedere Klerus in puncto Sexus über die Stränge schlägt, daß aber Bischöfe, Erzbischöfe, Kardinäle und Päpste absolut enthaltsam leben. Johannes-Georg war derart fleischlich gesinnt, daß er spätestens seit seinem Eintritt ins Priesterseminar von dieser Meinung gar nichts hielt. Er war ein derart derb-erdhafter Typ, daß ihm jedes Idealisierungsvermögen abging, daß er von solchen nebulösen Idealisierungen der Kirchenfürsten nichts hielt. Aber listig, wie er war, tat er in seinem ganzen Dasein als Kleriker dennoch immer so, als ob diese Meinung auch für ihn heiligste Überzeugung und ehernes Dogma sei.

Johannes-Georg hatte auch ein untrügliches Gespür dafür, wer für das Gelingen seiner ehrgeizigen Karrierepläne wichtig sein konnte, wer in der Kirche die Fäden zog, an denen die anderen wie Marionetten zappelten. Nicht immer sind das ja die offiziellen Titel- und Würdenträger der Kirche. Kurzum: Johannes-Georg präparierte alles so umsichtig, daß er keine Feinde, nur Freunde und Förderer hatte. Diejenigen, die ihn nicht förderten, legten ihm zumindest keine Steine in den Weg, weil sie ihn als harmlos einstuften. Natürlich wußte dieser Ehrgeizling unter der Maske des Biedermanns, daß man in der "Kirche Gottes" kaum Aussicht hat, Bischof zu werden, wenn man nicht in Theologie promoviert hat, sich möglichst sogar habilitiert und den Professorentitel erwirbt. Nun war Johannes-Georg zwar clever und schlau, aber nicht eigentlich intelligent, jedenfalls wissenschaftlich sicher keine Leuchte. Zwar gibt es viele Wissenschaftler, die Theologie gar nicht als Wissenschaft anerkennen, weil sie nicht von allgemein einsichtigen und erkennbaren Prinzipien und Axiomen ausgeht, sondern von Offenbarungs-"wahrheiten", die nur einigen Auserwählten (Moses, Jesus, Aposteln etc.) zuteil geworden sein sollen. Aber eines gewissen höheren Abstraktionsniveaus und einer wenigstens quasiwissenschaftlichen Terminologie muß man sich in theologischen Dissertationen schon bedienen. Also hier lag eine Hürde für unseren Kleriker, die nicht ganz so leicht zu nehmen war.

Doch Johannes-Georg überwand schließlich auch dieses Hindernis. Er suchte sich an der Universität, an der er studierte, einen Theologieprofessor als Doktorvater, der alles andere als eine theologische Koryphäe war und von dessen homophilen Neigungen er wußte. Von diesem Professor war auch bekannt, daß er weniger talentierten Doktoranden und Habilitanden die von ihnen abgelieferten Arbeiten verbesserte und ergänzte, teilweise fast ganz neu erstellte, wenn sie ihn nur oft genug besucht und umschmeichelt hatten. Kollegen an der theologischen Fakultät dieser Universität, die davon wußten und diese Vorgehensweise nicht billigten, setzte dieser Professor rabiat unter Druck, indem er ihnen mit Enthüllungen drohte. Zu Johannes-Georg, den er fest in sein Herz geschlossen hatte, sagte er diesbezüglich einmal ganz offen: "Weißt Du, jeder Mensch hat eine Leiche im Keller versteckt, Theologen aber meistens gleich zwei. Man muß sie nur zu finden wissen. Ich habe mir eine Liste angelegt, auf der ich minutiös alles verzeichne, was jeder meiner professoralen Kollegen irgendwann einmal gegen Bischöfe oder den Papst gesagt hat, was für Verhältnisse mit

Männern oder Frauen sie haben, welche Jugendlichen, z. B. Meßdiener sie mißbraucht haben, welchen politischen, z. B. faschistoiden Gesinnungen sie frönen etc. pp. Wenn Du über eine solche Liste verfügst, kannst Du sehr viel erreichen und die anderen, von denen Du ja so viel weißt, können Dich am Erreichen Deiner Ziele nicht hindern."

Johannes-Georg gab dieser Professor noch obendrein den guten Rat, seine Doktorarbeit einem mariologischen Thema zu widmen: "Wenn Du später in Deiner Biografie angeben kannst, daß Deine Dissertation der Gottesmutter und ewigen Jungfrau Maria gewidmet ist, erleichtert das Deine weitere kirchliche Karriere ungemein." Johannes-Georg tat so und erlebte auf seinem Weg zur Bischofswürde auf Schritt und Tritt die Bestätigung der Worte des Professors. Der mochte inzwischen seinen "geistlichen Sohn" Johannes-Georg derart, daß er ihn bei jeder Begegnung herzte und küßte, was diesem nicht gerade angenehm war, was er aber im Blick auf die "erhabenen Ziele" seiner theologischen und kirchlichen Laufbahn, ohne mit der Wimper zu zucken, in Kauf nahm. "Man muß da eben auch gewisse Opfer bringen", sagte sich Johannes-Georg. Die Sympathie des Professors für ihn war inzwischen so groß geworden, daß Johannes-Georg nach gerade einmal erlangter Promotion die sonst viel schwierigere Habilitation praktisch nachgeschmissen bekam. Genauer war es so: In einer anderen Universitätsstadt war ein theologischer Lehrstuhl zu besetzen. Um ihn zu bekommen, mußte der Kandidat aber die Habilitation vorweisen. Johannes-Georgs Doktorvater hatte keinerlei Skrupel, der theologischen Fakultät dieser Universität eidesstattlich zu versichern, daß sein Habilitand kurz vor der Beendigung der entsprechenden Arbeit stehe. Dabei hatte Johannes-Georg noch nicht einmal einen einzigen Satz der Habilitationsarbeit fabriziert. Er erhielt den Lehrstuhl trotzdem.

Das Gelingen dieses Coups war an sich so unwahrscheinlich, daß Kollegen des Professors tuschelten, er müsse wohl wieder seine bewährten Druckmittel eingesetzt haben, sonst hätte er eine so schwache theologische Begabung wie Johannes-Georg nicht auf diesen Lehrstuhl hieven können. Aber unser Mann wollte ja auch im Endeffekt gar nicht Professor werden, er strebte die Bischofswürde an. Doch er wußte, dieser nun errungene Lehrstuhl war das beste Sprungbrett, um Bischof werden zu können. Bei letzterem half ihm wieder der Professor.

Der hatte ihm zwar einen Lehrstuhl verschafft, aber Johannes-Georg war inzwischen die absolute Nummer eins unter seinen Lieblingen, und der Professor litt geradezu physisch darunter, daß sein Favorit nicht mehr in seiner Nähe weilte, sondern eine Professur in einer anderen Universitätsstadt hatte. Als also der Bischof Ordinarius, zu dessen Bistum die Stadt gehörte, an deren Universität der Doktorvater Johannes-Georgs lehrte, das Zeitliche segnete, bearbeitete dieser fürsorgliche "Vater" alle Domkapitulare mit allen Mitteln (auch von ihnen hatte er in gewohnter Manier Dossiers angefertigt) so lange, bis sie bereit waren, seinen Johannes-Georg an die erste Stelle der Vorschlagsliste zu setzen, die sie im Rahmen der Ernennungsprozedur eines neuen Bischofs nach Rom zu schicken hatten. Sogar im weit entfernten Vatikan hatte übrigens Johannes-Georgs Doktorvater bei einigen Kurienkardinälen ein Stein im Brett. Jedenfalls ließ er auch bei ihnen seinen Einfluß spielen, so daß Johannes-Georg tatsächlich Bischof wurde.

Nachdem sich der übliche Enthusiasmus der Gläubigen, der mit der feierlichen Einführung eines neuen Bischofs in eine Diözese verbunden ist, gelegt hatte, merkten zwar allmählich immer mehr Laien und Priester, was für eine durchschnittliche, farblose, nicht einmal über rhetorische Qualitäten verfügende Erscheinung ihr neuer Oberhirte war. Aber daran war ja nun nichts mehr zu ändern, man mußte diesen "Nachfolger der Apostel" in der

Diözese, deren Namen hier unerwähnt bleiben soll, so hinnehmen, wie er nun einmal war. Johannes-Georg selbst war es weitgehend egal, ob die Gläubigen ihn liebten, so lange sie keinen offenen Widerstand gegen ihn probten. Und das tun bekanntlich die gläubigen Schafe nur in den seltensten Fällen. Nachdem er Bischof geworden war, konnte er bisweilen sogar ganz schön ruppig zu seinem Doktorvater sein, der doch Johannes-Georgs blendende Kirchenkarriere auf all ihren wesentlichen Stationen ermöglicht hatte. Die aufdringliche Art seines früheren Doktorvaters, ihn so oft wie möglich in der bischöflichen Residenz zu besuchen und ihn dann herzhaft abzuknutschen, gefiel Johannes-Georg überhaupt nicht mehr. Einige Male hatte er sich schon durch den bischöflichen Kaplan verleugnen lassen, wenn ihn sein altgewordener Professor, der inzwischen emeritiert war, sprechen wollte. Dankbarkeit gehörte eben auch nicht zu den Charaktereigenschaften, die diesen Bischof auszeichneten.

Die Diözese, der Johannes-Georg als Oberhirte vorstand, war klein, und inzwischen stand sein Sinn auch wieder nach Höherem. Er wäre gern Erzbischof in dem Erzbistum geworden, dem seine Diözese zugeordnet war. Der erzbischöfliche Stuhl war gerade vakant, aber unter den möglichen Kandidaten für seine erneute Besetzung tauchte der Name von Bischof Johannes-Georg nie auf. Er galt auch unter den meisten Bischöfen als Null-Nummer. Das erzürnte ihn derart, daß er, um doch noch auf sich aufmerksam zu machen, Anzeigen in einigen Regionalblättern und in seiner Bistumszeitung veröffentlichte. Darin ließ er durch seinen Pressereferenten erklären, daß die vielen Gläubigen, die diesbezüglich angefragt hätten, sich nicht sorgen müßten. Bischof Johannes-Georg habe nicht vor, seine Diözese zu verlassen, um den erzbischöflichen Stuhl zu besteigen. Doch auch diese Anzeigen, mit denen er in Wirklichkeit nur in die Diskussion um mögliche Kandidaten einbezogen werden wollte, nützten Johannes-Georg nichts. Kein hoher Kirchenvertreter dachte auch nur im entferntesten daran,

Johannes-Georg für eine Kandidatur zu empfehlen. "Nun", sagte er sich, "dann ist eigentlich meine weitere Kirchenkarriere definitiv beendet. Traurig, aber wahr. Aber um so mehr kann ich mich jetzt stattdessen meinen privaten Interessen widmen." Unter diesen Interessen hatte eines Priorität: der langersehnte Sex mit einer Frau, den er, um seine Kirchenkarriere nicht zu gefährden, schon so lange zurückgestellt hatte.

"Wie stelle ich es am besten und sichersten an?", fragte er sich. "Nicht unbedingt die schönsten, aber die sichersten", dachte er weiter, "sind Ehefrauen, vor allem die Frauen reicher Männer. Diese Frauen sind nach einigen Ehejahren entweder von ihren Männern enttäuscht und/oder sie langweilen sich zu Tode, während ihre Ehegatten die Moneten besorgen, die ihnen ihren aufwendigen, aber eben am Ende doch langweiligen Lebensstil ermöglichen. Gut wäre es auch, wenn so eine Frau religiös ist. Dann fiele es nicht sonderlich ins Gewicht, daß ich keine faszinierende Erscheinung darstelle, ich könnte sie trotzdem rumkriegen. Die fehlende Faszination ersetzte dann die Tatsache, daß ich ein Gottgeweihter, ein Bischof bin." Bisher schon hatte sich Bischof Johannes-Georg von Zeit zu Zeit von katholischen Unternehmern zu kleinen Hausfeiern einladen lassen, auf die er auch gerne ging, weil es da immer köstliche Speisen und Getränke gab. Von nun an ließ er sich noch viel öfters einladen, wobei er nie das "große" Ziel aus den Augen verlor, eine Ehefrau zu erspähen, die das geeignete und willfährige Objekt seiner fleischlichen Begierde sein könnte.

Sehr bald glaubte er, die Richtige gefunden zu haben. Ihr Mann war so gut katholisch, daß er in Johannes-Georg nur die heilige Autorität eines Bischofs zu erblicken vermochte. "Also von dem her", sagte sich Johannes-Georg, "droht Dir keine Gefahr. Der schöpft bestimmt keinen Verdacht, wenn ich in seiner Villa auch einmal oder sogar öfters während seiner Abwesenheit auftauche." Und seine Frau? "Nun, jetzt ahnt sie noch nichts, aber sie sieht ein wenig frustriert aus, was auch ihr hübsches, gepflegtes Äußeres nicht ganz zu verdecken vermag. Die müßte also zu erobern sein." Immer häufiger tauchte daher unser Gottesmann im Haus dieses Ehepaares auf. Man nahm dort keinen Anstoß daran, es erweckte keinerlei Verdacht, weil Johannes-Georg vorsorglich betont hatte, daß gerade ein Bischof in seinem schweren, verantwortlichen Amt Menschen brauche, die noch zur Kirche stünden, die durch die gute und schöne Atmosphäre ihres Hauses dem zölibatär Lebenden und oft doch sehr Einsamen geistigen Rückhalt und eine gewisse Geborgenheit gäben. Es war Johannes-Georg nicht verborgen geblieben, daß diese Worte gerade bei der Ehefrau einen nachhaltigen Eindruck hinterließen. "Offenbar ist ihre Mitleidsantenne", sagte sich der Bischof, "gut entwickelt. Daran läßt sich anknüpfen."

Als er sie dann einmal allein in ihrem Haus antraf, knüpfte er bald nach Eröffnung des Gesprächs wieder an seine Einsamkeit an. "Ach", gab sie zu bedenken, "auch in der Ehe fühlt man sich manchmal sehr allein. Ich liebe meinen Mann, aber wie oft ist er außer Haus, wofür ich volles Verständnis habe, er hat ja seine so wichtige Arbeit. Aber das macht meine Einsamkeit trotzdem nicht leichter. Und wenn er abends oder in der Nacht heimkommt, ist er müde und zu nichts mehr zu gebrauchen. Deshalb finde ich es so schön, daß ich mich bei Ihnen, Exzellenz, einmal so ganz ausführlich aussprechen kann. Dazu hat mein lieber Mann gar nicht die Zeit." Der Bischof war erfreut, daß alles ganz im Sinne seiner Strategie verlief. Dennoch konnte er sich nicht verhehlen, daß diese Frau ihren Mann aufrichtig liebte, daß sie von ihm, dem Bischof, nur geistig-geistlichen Zuspruch, nichts Körperliches erwartete. "Dann komme ich eben nicht ganz so schnell ans Ziel", vertröstete sich der Bischof, "aber wenn ich auf dieser geistigen Schiene lange genug gefahren sein werde und so ihr volles Vertrauen gewinne, wird bestimmt der Augenblick kommen, wo sie - natürlich noch aus purer geistiger Freundschaft - ihr hübsches Köpfchen an meine Schultern anlehnen und sich bei mir ausweinen wird. Dann wird sie sich an mich, ich mich an sie schmiegen, und schließlich wird es geschehen: wir werden sozusagen ganz unabsichtlich ineinanderübergleiten. Keiner wird es gewollt haben." "Auf die Dauer", sagte sich der Zyniker in Johannes-Georg, "kann doch keine Frau nur beim rein Geistigen stehenbleiben. Alles Geistige muß sich bei den Frauen im Leiblichen erfüllen."

Es kam so, wie der Bischof erhofft und erwartet hatte. Als es passierte, strömte eine Wärme und ein Glücksgefühl durch seinen Körper, das er in dieser Intensität noch nie verspürt hatte. "Alle Titel, Würden und Ehrungen der Mutter Kirche sind dagegen doch gar nichts", sagte er zu sich selbst. Linda - so hieß die Frau, die ihm diese Gefühle und Körperzustände vermittelt hatte - war nämlich wirklich Johannes-Georgs erste Bettgenossin. Weil er unbedingt Bischof werden wollte, hatte er vorher Kontakte zu Frauen tunlichst vermieden. Er wußte ja, daß das kirchliche Kontroll- und Spionagesystem fast lückenlos funktioniert und daß Bischofskandidaten besonders intensiv überwacht werden. Wenn es ihn überkam, vor allem nachdem er gut und reichlich gegessen hatte, hatte er sich einfach selbstbefriedigt. Er hatte diese von der Kirche angeprangerte Sünde der Masturbation vorsichtshalber nie gebeichtet, denn sein Mißtrauen erstreckte sich auch auf das jeden katholischen Priester unter Strafe der Suspension bindende Beichtgeheimnis. Zu oft hatte er erlebt, wie Priester, wenn sie unter sich waren, über "Fälle", die ihnen in der Beichte zu Ohren gekommen waren, sich verbreiteten, daß sie zwar dabei nie Namen nannten, auch keine näheren Orts- und Zeitangaben machten, aber wenn man die "Schäfchen" seiner oder der Nachbargemeinde einigermaßen kannte, war es nicht schwer, auf die richtigen Namen zu kommen.

Während der Bischof also restlos zufrieden neben Linda auf dem Sofa lag, war diese todunglücklich und weinte leise in sich hinein. "Was habe ich nur getan? Ich habe meinen guten, tief frommen Mann verraten", jammerte sie. Dann plötzlich vorwurfsvoll zu Johannes-Georg: "Sie waren auch viel sinnlicher und fleischlicher als mein Mann! Wie kann ein gottgeweihter Bischof nur so sein?!" "Ich habe es ja auch nicht beabsichtigt", log Johannes-Georg, "aber als ich Deinen wunderbaren Körper neben mir fühlte, überkam mich, ja überflutete mich wortwörtlich die Leidenschaft. Ich konnte gar nichts dagegen tun." Sie nahm es für bare Münze, es schmeichelte ihr auch, daß Johannes-Georg ihren schönen Körper erwähnte. Das hatte sie von ihrem Mann schon lange nicht mehr gehört. "Trotzdem", erklärte sie zu Johannes-Georg gewandt jetzt mit fester Stimme, wobei sie aber gar nicht mehr so unglücklich wirkte wie noch kurz zuvor, "es darf einfach nicht mehr passieren. Wir dürfen das meinem Mann nicht mehr antun. Er hält doch auch so große Stücke von Dir. So ein Vertrauen darf man doch nicht mißbrauchen." Der Bischof nickte zustimmend und spielte den Schuldbewußten, stellte aber gleichzeitig auch schon die Frage, ob sie sich denn dann überhaupt nicht mehr treffen dürften. "Treffen schon", erwiderte sie nach kurzer Überlegung, "mit wem soll ich mich denn über wesentlichere Dinge unterhalten. Aber zu körperlichen Kontakten darf es nie mehr kommen." Johannes-Georg war erleichtert. Er war sich sicher, daß Linda es nicht durchhalten, daß er nach einiger Zeit wieder ganz intim bei ihr landen würde.

Wiederum sollte der bischöfliche Stratege recht behalten. Die von ihrem Ehegatten selten "bediente" Frau sehnte sich immer öfter und dringlicher nach Johannes-Georgs derber sinnlicher Leidenschaft. Bald waren ihr die Gespräche mit dem Bischof, auf die Linda anfangs so großen Wert gelegt hatte, gar nicht mehr so wichtig, und Johannes-Georg hatten sie ohnehin stets nur als Mittel gedient, um an diese Frau körperlich heranzukommen. Wenn sie sich trafen und sich allein wußten, lagen sie sich inzwischen auch schon in den Armen, und das Weitere folgte mit eherner, aber süßer Notwendigkeit. Johannes-Georg war so liebeshungrig, daß es ihr immer wieder den Atem verschlug. Ihr Wille, dem eigenen Mann treu zu sein und sich gegen den ungestümen Gottesmann zu wehren, war fast völlig dahingeschmolzen. Er hatte einer lustvollen Ohnmacht in Johannes-Georgs Armen Platz gemacht. Natürlich empfand sie nach jedem Akt weiterhin Gewissensbisse, sie klagte sich der schnöden Undankbarkeit ihrem großzügigen Gemahl gegenüber an, wußte aber zugleich, daß sie den Liebkosungen Johannes-Georgs keinerlei Widerstand mehr entgegenzusetzen vermochte. "Wir sind Sünder", sagte der Bischof salbungsvoll, als sie wieder einmal klagte und weinte, "doch es ist unser Schicksal, gegen das wir nicht ankommen." "Aber Gott sieht uns doch", wandte sie ein, "und verurteilt unser Tun. Wahrscheinlich wird er uns auch bestrafen."

Vor Gott jedoch hatte der Bischof gar keine Angst, der Glaube an ihn hatte in seinem reiferen Leben praktisch keine Rolle gespielt, er wußte nicht einmal, ob er wirklich an ihn glaubte. Angst hatte er seit dem Eintritt ins Priesterseminar immer nur vor den Stellvertretern Gottes auf Erden, den Priestern und Oberpriestern, gehabt, die Angst nämlich, sie könnten ihm auf die Schliche kommen, ihn durchschauen und entdecken, daß alles Kirchliche bei ihm stets nur Maske war, nur ein Mittel, um seine gar nicht religiösen Ziele zu erreichen. Er, der Unansehnliche, Unbedeutende wollte etwas sein, etwas gelten und an ansehnliche Frauen herankommen, und allein dazu diente ihm die total kirchenkonforme Maskerade. Zwar wußte er von heimlichen Verhältnissen auch seiner bischöflichen und erzbischöflichen Mitbrüder, vor allem sein Doktorvater hatte ihm diesbezüglich genüßlich so manche Einzelheit mitgeteilt, z. B. die, daß ein als besonders fromm, ja heiligmäßig geltender Priester - selbstverständlich aus "tiefster Demut" - sogar die Ernennung zum Bischof ausgeschlagen hatte, weil seine "Frau" die Stadt, in der er hätte residieren müssen, gräßlich fand. Er wurde dann trotzdem Bischof - in einer anderen Stadt, die seiner "Gattin" sympathischer erschien. Aber obwohl Johannes-Georg von solchen bischöflichen Frauenaffären wußte, sagte ihm sein Schutzinstinkt, daß es besser sei, sein eigenes Verhältnis möglichst total geheim zu halten.

Daß also Ehrfurcht vor den kirchlichen Autoritäten, die er so gern zur Schau trug, in seinem Innern überhaupt nicht vorhanden war, konnte der Bischof doch aber der in Glaubensdingen ganz wie ihr Mann naiven Linda nicht erzählen. Auch daß er Gott bestenfalls für ein abwesendes X hielt, das sich mit Sicherheit nicht um die Welt kümmere. Nein, Johannes-Georg wußte instinktiv, daß er die Basis nicht antasten durfte, die die Sexbeziehung mit Linda ja erst ermöglicht hatte und auch weiterhin aufrecht erhielt. Linda, das wußte er genau, hätte sich ihm nicht hingegeben, wenn sie in ihm nicht den Gottesmann gesehen hätte, dessen Antworten auf ihre vielen Glaubens- und Moralfragen für sie einen höheren Wert hatten, weil sie von einem Gottgeweihten stammten. Als er dann vom Geistigen ins Körperliche überging, erlebte sie das in der auf den ersten Liebesakt zwischen ihnen folgenden Reflexion zwar als Bruch und Verrat an seinen Idealen, aber ein letztes Stück Ehrfurcht vor dem Priester in ihm vermochte sie trotz seiner immer deutlicher zu Tage tretenden derben Sinnlichkeit nicht abzuschütteln. Der Bischof tat alles, um diesen "heiligen" Rest Ehrfurcht am Leben zu erhalten. Immer wieder einmal streute er, während sie nach dem Akt beieinander lagen, ein paar tiefe Weisheitssprüche ein, die Linda davon überzeugten, daß dieser Johannes-Georg trotz seiner sündigen Schwäche ein von Gott Berufener geblieben war.

Aber die von Linda befürchtete "Strafe Gottes" kam dann doch noch. Sie war 39 und hatte zwei Söhne, zwanzig und siebzehn Jahre jung. In ihrer festen Überzeugung, keine Kinder mehr bekommen zu können, hatte sie sich bei ihrem Verkehr mit Johannes-Georg durch nichts geschützt. Ja, sie und auch er hatten an irgendwelche Verhütungsmittel nicht einmal gedacht. Nun aber merkte Linda, daß sie schwanger war. Als sie das dem Bischof mitteilte, wurde der kreidebleich. In einem einzigen Moment erfaßte er das ganze Paket an Gefahren, die durch diese Schwangerschaft heraufbeschworen würden. Da war einerseits ihr Ehemann, der mit einem Schlag wüßte, daß sie das Kind nicht von ihm, der seit längerer Zeit nicht mehr mit ihr verkehrt hatte, sondern von dem "frommen" Hausfreund bekommen würde. Da bestand andererseits die äußerst reale Gefahr, daß "diese mißliche Geschichte" weiten Kreisen bekannt und ihn in seiner Position als Bischof absolut unmöglich machen würde. "Der Lächerlichkeit werde ich preisgegeben sein", jammerte er in seinem Innern. Viele Konsequenzen dieser Affäre konnten, das wußte er, jetzt von ihm noch gar nicht überschaut werden, aber sie würden wie eine Kettenreaktion immer weiteres, neues Unheil herbeiführen. Für den Bischof stand fest: Das alles konnte nur verhindert werden, wenn Linda abtrieb. "Liebste Freundin", erklärte er deshalb mit einschmeichelnder, salbungsvoller Stimme, "Du darfst dieses Kind nicht austragen. Zu hohe Werte, mein Ruf, meine Ehre als Bischof, ja auch die Glaubwürdigkeit der Kirche als solcher stehen hier auf dem Spiel. Du weißt ja: Wenn ein Bischof sündigt, kreiden das die Gläubigen gleich der ganzen Mutter Kirche an. Und das wollen wir doch beide nicht, gelt?!"

Linda fürchtete sich zwar auch sehr vor den negativen Folgen, die jetzt auf sie zukommen würden, vor ihrem Mann insbesondere, in dem eine ganze Welt der Liebe und des Vertrauens zu ihr zusammenbrechen mußte. Sie wußte, daß er sie nie betrogen hatte, daß sein Liebesleben mit ihr zwar stark unterentwickelt war, daß dies aber nur daran lag, daß er wesentlich älter als sie und von seinen unternehmerischen Aktivitäten so absorbiert war. Trotzdem hinderten sie ihr mütterlicher Instinkt, ihre lebensbejahende Einstellung und die ihr seit der Kindheit eingetrichterte katholische Moraldoktrin daran, an so etwas wie Abtreibung auch nur zu denken. Die kam für sie überhaupt nicht in Frage. "Du selbst", wandte sie sich deshalb an ihren bischöflichen Liebhaber, "hast doch in so vielen Predigten gegen die Abtreibung gewettert, hast die wunderbare Gabe des Lebens gepriesen, die ein auf die Welt kommendes Kind darstellt, hast die schweren Kirchenstrafen für abtreibende Mütter und ihre Helfershelfer sowie die Höllenstrafen für sie nach dem Tode in düstersten Farben ausgemalt. Also, da kannst Du doch auf keinen Fall für eine Abtreibung sein." "Bin ich auch nicht", erwiderte er, "bin ich prinzipiell ganz sicher nicht, liebe Freundin. Aber siehst Du", belehrte er jetzt etwas schulmeisterlich und von oben herab die "naive" Linda, "es gibt ja in der katholischen Moraltheologie das Prinzip der Güterabwägung. Das kannst Du nicht kennen, aber es besagt, daß man ein an sich das Gewissen bindendes Gesetz übertreten darf, wenn ein höheres Gut auf dem Spiel steht. Und das ist eben hier der Fall!" "Aber sagt nicht der Papst, daß das Leben der noch nicht Geborenen im Mutterleib ein so hohes Gut ist, daß es unter gar keinen Umständen und aus keinerlei Gründen getötet werden darf?" "Ja, ja", hält jetzt der Bischof schon ein wenig unwirsch dagegen, "das ist im allgemeinen sicher so. Aber es gibt eben den konkreten Konfliktfall, den wir als casus specialis in der Moraltheologie abhandeln und der als seltene Abweichung von der Regel ein anderes Verhalten rechtfertigt. Was weißt Du denn von dieser Kasuistik, von diesen verschlungenen Pfaden der Theologie. Selbst der Papst würde so handeln wie ich, wäre er in meiner Situation. Schluß der Debatte! Du treibst ab. Ich besorge Dir durch Mittelsmänner eine gute Abtreibungsklinik. Kein Mensch, schon gar nicht Dein Mann, wird etwas merken, und die Welt wird wieder heil und hell sein, und wir werden uns wieder lieben können wie zuvor." "Ich könnte mit der Tatsache, daß ich dieses junge unschuldige Leben in mir getötet habe, nicht leben." Ihre Stimme klang leise, aber fest entschlossen, als sie das jetzt sagte. Mit einem Schlag war ihr mitten im Gespräch blitzartig klar geworden, daß dieser bis vor kurzem irgendwie noch immer von ihr verehrte Gottesmann nur an sich selbst dachte, nur sich selbst liebte, daß er völlig unfähig war, sich in sie heineinzuversetzen oder in dieses junge, sich unter ihrem Herzen regende Leben. Daß er auch mit Sicherheit trotz seiner schönen Worte und Bekenntnisse, er liebe sie aufrichtig, nur seinen Spaß mit ihr gewollt hatte. Sie sah jetzt diesen Menschen in seiner ganzen Häßlichkeit, völlig entblößt von seinen Insignien, von seinem Nimbus des Gottgeweihten: ein kleines, fettes, narzißtisches Scheusal, umgeben von einer Wolke sakral wichtigtuerischer Heuchelei. Sie haßte ihn nicht einmal, aber sie verachtete diesen egoistischen Feigling, der nur daran dachte, seine eigene Haut zu retten. Er war für sie für immer gestorben. Sie haßte sich höchstens selbst, weil sie einen Heiligenschein geliebt hatte, hinter dessen Fassade nur ein ganz gewöhnlicher, hohler und leerer Durchschnittstyp vegetierte. Und sie hatte dieses Nichts trotz seiner metzgerhaften Sinnlichkeit fast wie einen Übermenschen verehrt. "Wie dumm bin ich doch gewesen und wie schnöde meinem Mann gegenüber?!"

Das mit ihrem Mann, das Schicksalsgespräch mit ihm, stand ihr ja noch bevor. Aber diese Frau, die sich jahrelang so gelangweilt hatte, die in diesen Jahren nichts Richtiges mit sich anzufangen wußte, die den Reichtum, den ihr Mann ihr gewährleistete, fast schon wie eine Selbstverständlichkeit behandelte, nachdem sie ihn anfangs so entzückt genossen hatte, da sie aus ärmlichen Verhältnissen stammte - diese Frau entdeckte jetzt, in der schweren Stunde der Bewährung, ungeahnte Qualitäten in sich: vor allem den Mut, zu dem zu stehen, was sie getan hatte, es offen vor ihrem Mann zu bekennen und die Konsequenzen, die sich daraus ergeben würden, ohne Jammern und Klagen, ohne eventuelle langwierige und beschämende Rechtshändel zu tragen.

Noch am Abend desselben Tages, an dem sie das Gespräch mit ihrem bischöflichen Lover geführt und ihm für immer die Tür gewiesen hatte, trat sie vor ihren Mann und beichtete ihm rückhaltlos und ohne sich zu schonen alles, aber auch alles. Ihr Mann, der nichts geahnt hatte, war wie erschlagen. Er war ein cleverer Geschäftsmann, aber sein katholischer Glaube war auf dem Katechismus-Niveau seiner Realschulausbildung stehengeblieben. Dementsprechend war schon ein gewöhnlicher Priester, der Pfarrer oder der Kaplan der Pfarrgemeinde, zu der er gehörte, für ihn etwas Besonderes; ein Bischof aber schon fast ein halber Gott. Und nun hatte ein solcher Halbgott sein geliebtes Eheweib auf ganz gewöhnliche Weise geschwängert, nicht anders als irgendein Typ von der nächsten Straßenecke. Und seine Frau, von der er so viel hielt, für die er stets Achtung empfand, hatte ihn mir nichts dir nichts verraten und war auf diesen Typ hereingefallen. Im gehörnten Ehemann begann auch sein ganzes, zugegebenermaßen sehr einfaches Glaubensgebäude ins Wanken zu geraten. Dieser Bischof, der sich mit seiner Frau verlustiert hatte, hatte in den Augen des betrogenen Ehegatten ja auch ein gut Stück Kirche repräsentiert. Nun geriet auch die Kirche für ihn in den Sog der Unglaubwürdigkeit und Unmoral dieses Bischofs. Der Ehemann zögerte noch eine Zeitlang, aber er war so empört und vermochte die Verletzung, die ihm da angetan worden war, nicht zu vergessen. Er trat aus der Kirche aus. Aber obwohl er von Vertretern der Kirche, der durch seinen Austritt erhebliche Steuereinnahmen verloren gingen, eine Weile regelrecht umlagert und immer wieder gedrängt wurde, die Gründe für seinen Kirchenaustritt zu nennen, schwieg er eisern. Der Bischof war erleichtert. Nichts drang an die Öffentlichkeit.

Aber wie sollte sich der Betrogene gegenüber seiner Ehefrau verhalten? Sie beteuerte, daß sie ihn noch immer liebe, ja jetzt noch mehr als vorher, fügte aber sogleich hinzu, daß sie total verstehen könne, wenn er ihr das nicht mehr glaube, weil sie ihm so unerhört wehgetan habe. Sie werde ein paar Sachen mitnehmen und zu ihrer Mutter ziehen. Er könne dann die Scheidung einreichen, sie verzichte auf jede Abfindung. Sie war zu diesem großen finanziellen Verzicht wirklich und ernsthaft bereit, weil sie ihre eigene Schuld so tief und niederdrückend empfand und das seelische Elend ihres Mannes schmerzlich vor Augen hatte. Ihr Mann dagegen wußte zwar, daß er ihren Fehltritt nie vergessen würde, aber er wußte auch, daß er ohne sie noch viel schlechter leben konnte als mit ihr. Zu viel Herzenswärme hatte sie ihm in früheren Jahren geschenkt. Also bat er sie zu bleiben. Die Zeit heilt bekanntlich viele Wunden. Es kehrte zwischen den Beiden zwar nie mehr die alte, von totalem Vertrauen geprägte Beziehung zurück, die Wunde, die sie ihm zugefügt hatte, blieb stets präsent, aber es bildete sich mit der Zeit eine neue Qualität in ihrer ehelichen Gemeinschaft heraus, die man als »ehrliches, liebendes Zugetansein, wenn auch nicht ohne Narben und negative Reminiszenzen« bezeichnen könnte. Und so paradox es klingen könnte: Gerade die "Frucht der Sünde", das Mädchen, das Linda austrug und zur Welt brachte, trug zu der neuen Qualität der Beziehung der Beiden wesentlich bei.

Und Seine Exzellenz, der Bischof? Was geschah mit ihm? Nichts! Es war ja nichts an die Öffentlichkeit gedrungen. Und nach einiger Zeit der sexuellen Abstinenz suchte und fand er weitere Opfer unter den gelangweilten Ehefrauen betuchter Unternehmer. Nur war er jetzt vorsichtiger. Ohne die von der Kirche so heftig bekämpften Kondome wagte er sich nie mehr in die Arme, drang er nie mehr in den Schoß der vergnügungshungrigen Damen ...

Sechstes Kapitel

"Wegen einer Frau verrate ich doch nicht meine große Mission!"

Pater Michael war ein meisterhafter Rhetoriker. Seine Vorgesetzten hatten sein diesbezügliches Talent früh erkannt. Was sonst bei Theologen als Nachteil erscheint, hier bei Michael war es ein Vorteil. Weniger dunkel gesprochen: Michael war im Theologiestudium nur auf durchschnittliche Noten gekommen. Wenn es auch nur ein wenig theoretischer oder abstrakter wurde, verstand er die Vorlesungen der Theologieprofessoren nicht mehr, oder er schaltete sofort ab. Für hochwissenschaftliche Diskussionen hatte er nichts übrig. Sobald er aber vor dem "Volk" oder vor Jugendlichen sprach, explodierte er förmlich, wie seine ihn genau beobachtenden Ordensoberen, zunächst ganz verblüfft, feststellten. Er hatte dann eine Urgewalt in der Stimme, eine Magie und hypnotische Kraft, die alle Hörer in seinen Bann zog. Theologie, meist abstrakt und schwer verdaulich von kompliziert formulierenden Professoren an theologischen Fakultäten, Priesterseminaren oder Ordenshochschulen gelehrt, wurde von Pater Michael in seinen Ansprachen, Vorträgen, Predigten in kleinste Münzen, verständlich für jedermann umgeformt. Auf theologischen Ballast legte er keinen Wert, leicht und verständlich floß alles dahin, was er zu sagen hatte. Kritiker warfen ihm nicht ganz zu Unrecht vor, daß er auf dem Niveau der "Bild-Zeitung" argumentiere, daß er zu oberflächlich daherrede, daß wenig von der theologischen Substanz in seinem Wortschwall übrigbleibe, daß er eine sich dem jeweiligen Mode-Jargon stets sofort anpassende, ja anbiedernde Revolverschnauze habe, daß er in seinen Moralpredigten fast immer ausfällig und brutal werde, daß seine beinharte Schwarz-Weiß-Moral die Gesellschaft viel zu undifferenziert geißele.

Das alles konnten auch seine kirchlichen Vorgesetzten nicht übersehen, aber viel wichtiger als die Bedenken, die sie deshalb hegten, war für sie doch der Umstand, daß Pater Michael sich immer größerer Popularität erfreute, immer mächtigeren Zulauf hatte. Bald waren die Vortragssäle und Kirchen, in denen er auftrat, zu klein, so daß er auf den Marktplätzen verschiedener Großstädte vor Zehntausenden von Menschen sprach. In den fünfziger und sechziger Jahren unseres Jahrhunderts gab es nur ganz wenige Redner in der katholischen Welt, die so viele Menschen mit ihren religiösen und moralischen Appellen fesseln konnten. Zugegeben, es waren oft Plattitüden, die er zum besten gab. So wenn er einen Großteil der "Sexprobleme unserer Zeit" darauf reduzierte, daß die Frauen zu enge Pullis, zu tiefe Decolletés und zu kurze Röcke trügen. "Die Schuld", brüllte er, "daß sie dann vergewaltigt werden, liegt doch eindeutig zum großen Teil bei ihnen selbst". Ganz besonders heftig donnerte er auch gegen die Abtreibung. Er konnte es sich sogar leisten, abtreibende Ärzte so genau zu charakterisieren, daß zumindest ein Teil der Hörer wußte, um welche es sich handelte. Und der hetzerische Aufruf, etwas gegen die betreffenden Ärzte zu unternehmen, fehlte auch meist nicht.

Doch die Menschen, die auf die öffentlichen Plätze der Großstädte strömten, um ihn zu hören, verziehen ihm, dem religiösen Idealisten und Reformer, seine Demagogie gern und ohne Probleme. Dieser schlanke, fast hagere, asketisch wirkende Mann, der die Kirche stets um jeden Preis verteidigte ("Auf meiner schwarzen Soutane sieht man halt den kleinsten Fleck viel eher als auf Euren bunten Kleidern!"), kam überall an. Übertreibungen, Unverschämtheiten und Frechheiten, mit denen er auch manche seiner Zuhörer beleidigte, schrieb man dem Überschwang seiner feurigen, mystisch entflammten Psyche zu, die im Grunde nur die Ehre Gottes verteidigen wolle. Die Herren der Kirche rieben sich die Hände: Dieser Mann macht den Katholizismus wieder anziehend, aktuell, befreit ihn vom

Ruch des Verstaubten, Erstarrten, Verkrusteten. Und das Geld häufte sich in den Opferstöcken und Klingelbeuteln der Kirchen jener Städte, in denen Pater Michael auftrat.

Dieser von den Leuten für ungemein idealistisch, altruistisch und moralisch gehaltene Mann aber hatte auch eine "Leiche im Keller", nämlich eine Frau, die er seelisch und körperlich zugrunde gerichtet hatte. Der Verfasser des vorliegenden Buches stieß auf diesen Fall, weil er von dieser Frau angeschrieben, später auch persönlich kontaktiert wurde. Sie schrieb mir, sie sei auf mein Buch "Herren und Knechte der Kirche" gestoßen und könne aufgrund eigener Erfahrungen "nur sagen, daß es kein Pamphlet ist ... Als Geliebte von Pater Michael ..., der mich feige und gemein im Stich ließ ... kann ich wohl in das Lied in diesem Chor der Anklagen einstimmen." Sie habe, nachdem er sie verlassen habe, zwei Suizidversuche unternommen (tatsächlich war auch in einigen Zeitungen berichtet worden, daß sie die Feuerwehr aus dem Main gerettet hatte). "Ich hatte", schrieb sie des weiteren, "sogar vor, mich selbst zu verbrennen zum Protest gegen diese Heuchelei und Unterdrückung" durch einen Priester. Sie sei dann aus der katholischen Kirche ausgetreten, den Schock, einen solchen Idealisten wie Pater Michael als eiskalt ihre Gefühle ausnutzenden und sie dann skrupellos verlassenden Macho erlebt zu haben, werde sie nie überwinden können. Ihre Gesundheit sei völlig zerrüttet, ihr Leben zerstört, sie vegetiere nur noch so vor sich hin. "Ich wollte", teilte sie mir in einem weiteren Schreiben mit, "anfangs alles an den >Spiegel< geben und an Prof. Beuse", einen bekannten, kämpferischen Atheisten, "aber drei Viertel meiner ernstzunehmenden Freunde rieten ab ... Ich würde das physisch und seelisch nicht überstehen, sollte Pater Michael in einem Prozeß, bei dem ihm Rom helfen würde, jedenfalls in Form eines jesuitenschlauen Anwalts, alles ableugnen. Gedroht hat Pater Michael meinen Freunden" (es folgt die Nennung des Namens eines prominenten katholischen Ehepaares) "mit dergleichen

Schritten". Ihr selbst habe er mit der Einweisung in eine Nervenklinik gedroht. "Wer weiß schon", schreibt sie in einem weiteren Brief, "wie das System der römischen Kirche Menschen zugrunde richten kann."

Wie kam es aber zu der ersten Begegnung zwischen dieser Frau und Pater Michael? Nun Claudia - diesen von mir geänderten Vornamen im Rahmen eines sonst völlig authentischen Falles wollen wir ihr geben, so wie auch Pater Michael in Wirklichkeit anders hieß - hegte bereits seit ihrem 19. Lebensjahr große Bewunderung für diesen Priester. Es war die Zeit nach dem zweiten Weltkrieg, sie war vorher mit ihren Eltern trotz der Angst vor der anrückenden Roten Armee in ihrer schlesischen Heimat geblieben, hatte die Belagerung Breslaus miterlebt und auch mitangesehen, wie der junge und schneidige Pater Michael hilflose alte Leute, die sonst ein Opfer der auf Breslau niederprasselnden Bomben und Granaten geworden wären, in die unterirdischen Gänge und Keller der Kirche ihrer Pfarrgemeinde schleppte und auf diese Weise rettete. Noch mehr bewunderte sie Pater Michael dafür, daß er nach Beendigung des Krieges mutig und furchtlos den russischen Stadtkommandanten immer wieder bedrängte, ihm die Organisierung eines Flüchtlingstrecks in die Hände zu legen. Was kein in Schlesien verbliebener Deutscher mehr für möglich hielt, geschah: Pater Michael erhielt die Erlaubnis, mit einer größeren Gruppe von Deutschen gen Westen, also nach Deutschland auszureisen. Er erreichte auch, daß die zu diesem Flüchtlingstreck Gehörenden sehr viel mehr Gepäck mitnehmen durften als dies sonst bei den scharf kontrollierenden russischen Behörden üblich war. Auch Claudia befand sich mit ihren Eltern unter diesen nun ganz legal ihre angestammte Heimat Verlassenden. Den "Marsch", der auch teilweise eine Fahrt in Güterwaggons war, erlebte Claudia wie eine Rettung, wie eine Befreiung, und sie war dementsprechend demjenigen, der in ihren Augen das Ganze bewirkt hatte, nämlich Pater Michael, überaus dankbar. Der kam auch während des Marsches bzw. der Fahrt immer wieder an ihre Eltern und sie heran, umarmte sie freundschaftlich, ja herzlich. Keinem wäre der Gedanke gekommen, daran Anstoß zu nehmen. Nichts Erotisches, schon gar nicht Sexuelles empfand Claudia bei diesen Umarmungen.

Als das Ziel erreicht war und der Treck sich auflöste, verlor Claudia den Pater fast neun Jahre lang aus den Augen. Dann aber sah sie auf Plakaten, angebracht auf Litfaßsäulen und Mauern der Stadt, in der sie jetzt wohnte, sein Bild und las die Ankündigung seiner Predigt, die er auf dem Hauptplatz der Stadt halten wollte. Natürlich mußte sie dahin, folgte dann mit glühender Begeisterung seinen flammenden Appellen zu einer Erneuerung der "tiefgesunkenen Moral" und drängte sich nach Beendigung der Massenveranstaltung durch die Menge, um "ihren" Pater nach so langer Zeit wieder begrüßen zu können. Der war sichtlich erfreut, flüsterte ihr trotz der sehr nah um ihn Herumstehenden zu, daß sie ihm ihre Adresse zustecken solle, er würde sie noch heute, spätestens aber morgen besuchen.

Tatsächlich kam er noch am selben Abend ins Haus ihrer Eltern, bei denen sie noch immer wohnte. Deren Freude über den Besuch des Paters war groß, ebenso wie ihre eigene. Er blieb an diesem Abend lange, sehr lange. Claudias Eltern wurden schließlich müde und gingen zu Bett, nicht ohne Claudia und dem Pater zu versichern, daß sie gegen eine weitere Unterhaltung der beiden gar nichts hätten. Nach dem Weggang der Eltern schwiegen sie eine Weile, der Pater, so empfand es Claudia, schaute sie nur so merkwürdig durchdringend an. Ihr war das plötzlich ganz unangenehm, und sie versuchte, die Unterhaltung wieder anzukurbeln. Unter seinem scharfen Blick fiel ihr nichts anderes ein, als sich noch einmal für die damalige Organisierung des Flüchtlingstrecks durch Pater Michael zu bedanken. Sie drückte sich dabei etwas umständlich und langatmig aus, aber er fiel ihr ins Wort: "Du dummes, süßes Ding, das habe ich doch seinerzeit einzig und allein für Dich getan. Ich wollte nur Dir imponieren, weil ich mich in Dich verliebt hatte. Die anderen Leute interessierten mich gar nicht." "Aber das kann doch nicht sein. Sie haben so viel für die Flüchtlinge getan. Ich selbst war doch nur ein unbedeutendes junges Mädchen, noch völlig abhängig von meinen Eltern", wandte sie ein. "Eben", erwiderte er lächelnd, "und deswegen sah ich damals auch bald ein, daß Du noch gar nicht reif für eine große Liebe bist, daß Du noch gar nicht fähig warst, nicht bloß den furchtlosen Helden in mir zu sehen, sondern auch den Mann, der eine Frau begehrt. Ich war damals sogar ein wenig sauer, daß ich so viel Kraft und Mühe für im Endeffekt gar nichts aufgebracht hatte, denn Du bliebst mir ja verschlossen. Aber jetzt, jetzt bist Du deutlich sichtbar zur Frau herangereift. Du siehst noch immer sehr sauber, sehr rein aus, aber trotzdem wirkst Du auch sinnlich erotisch, attraktiv und aufreizend auf mich mit Deinem vollen Busen und Deiner schön geformten Figur." Dabei machte er eine wellenartige Geste mit seiner rechten Hand.

Die letzten Sätze waren in seiner Intention als verführerisches Kompliment gedacht. Aber zu ihr, die ihn immer noch als den großen sozial engagierten Idealisten sah, drangen diese Komplimente gar nicht ganz durch. Sie begann lediglich zu ahnen, daß sein "Idealismus" ihr gegenüber nur als Mittel zum Zweck benutzt wurde, um sie herumzukriegen. Aber sie wehrte sich vehement gegen diese Ahnung. Krampfhaft versuchte sie sich einzureden, daß er wegen des langen, schweren Tages, den er sicherlich gehabt, des vielen Alkohols, den er inzwischen konsumiert hatte, nur noch unseriöses, leichtfertiges Zeug daherrede, daß das, was er über den "Flüchtlingstreck nur für sie, nicht für die anderen daran Beteiligten" und über seine "Liebe nur zu ihr und für sie" gesagt hatte, nicht der Wirklichkeit entspreche.

Er aber stand jetzt auf, zog sie leidenschaftlich an sich und küßte sie auf den Mund, ehe sie, die zu einem Eisbrocken erstarrt war, überhaupt an

Gegenwehr denken konnte. Doch er merkte sofort, daß er zu weit gegangen war, daß er die Sache zu früh zum Höhepunkt hatte bringen wollen. Ganz schnell schlüpfte er wieder in die Rolle des Seelsorgers, indem er ihr mit seiner Rechten ein Kreuz auf die Stirn zeichnete und hinzufügte: "Ich wollte nur Deine Widerstandskraft testen. Ich habe mich in Dir nicht getäuscht, Du bist auch für mich eine Erbauung und Stärkung: So ein tolles Weib und dennoch so züchtig! Wenn doch alle Frauen so wären!" Er tätschelte ihre Wangen und flüsterte gut hörbar für sie: "Siehst Du, Du hast noch keine einzige Falte im Gesicht. Das macht die Tugend der Reinheit!" Ihr zischte bei diesen Worten der von ihr selbst als boshaft abgelehnte Gedanke durchs Gehirn, daß er selbst dann aber sehr unrein gelebt haben müßte. Denn er hatte ein zerfurchtes Gesicht voller Falten und kleiner Narben.

Bevor er ging, bot er ihr noch an, in seinem Team von Helfern mitzumachen, das ihn bei fast allen Vortragsreisen durchs ganze Land begleitete. Er war jetzt wieder ganz der Seelsorger, der mit seinen enthusiastischen Predigten »die Sache Gottes in der Welt« voranbringen wollte. Sie ließ sich von seinem "Idealismus" schon wieder anstecken und versprach mitzukommen, wann immer es ihr möglich sein würde. Als sie dann zum erstenmal mitfuhr, setzte er sich gleich neben sie in dem Kombi, an dessen Steuer einer der Helfer saß. Seine große Tasche stellte er für die anderen Mitfahrer deutlich sichtbar und als Zeichen der Distanz zwischen Claudia und sich. Aber gerade auf diese Weise war es ihm möglich, vor den anderen zu verbergen, daß seine Hand sie von hinten umfaßte und streichelte. Es berührte sie angenehm und unangenehm zugleich. Angenehme, süße, sinnliche Gefühle durchströmten sie, die sich so lange einsam gefühlt hatte. Andererseits aber empfand sie auch Angst und Gewissensbisse. Sollte sie schuld daran sein, daß dieser Priester ihretwegen seiner großen idealistischen Mission untreu wurde? Zu oft hatte sie seit ihrer Kindheit Predigten gelauscht, in denen vor verführerischen Frauen gewarnt wurde, die den "unschuldigen Priester" ins Verderben zögen. Krampfhaft bemühte sie sich, in ihm doch nur den väterlichen, seelsorgerlichen Freund zu sehen, der in seiner freundschaftlichen Zuwendung zu ihr eben nur ein klein wenig zu weit ginge. Es wollte nicht so recht gelingen, denn seine Liebesbeweise wurden, wann immer er mit ihr allein war, immer stürmischer. Er war dabei sichtlich erregt, was sie verwirrte, aber auch schwach machte.

Dennoch hatte sie bisher nur alle seine Aktivitäten über sich ergehen lassen, zwar hatte sie kaum Widerstand dagegen geleistet, aber ihn auch nicht durch eigene Reaktionen zu seinem Tun ermutigt. Ein einziges Mal hatte sie ihn ganz sacht auf die Stirn geküßt. Er quittierte das spöttisch mit den Worten: "Du kannst wohl gar nicht küssen, Du bist wie ein Stück Holz." Das saß! Denn damit schien er ihr Fraulichkeit und Liebesfähigkeit abzusprechen. Das wollte sie dann doch nicht auf sich sitzen lassen. Am nächsten Tag bewies sie ihm mit Küssen und Umarmungen, Liebkosungen und Anschmiegungen ihre Fraulichkeit. Er war dann bald am Ziel seiner Absichten mit ihr! Aber immer noch konnte er ihr mitten im Liebesakt zu Herzen gehende seelsorgerlich klingende Worte zusprechen, die ihrer Sinnlichkeit einen tieferen Sinn verliehen, ja diese noch intensivierten. So wenn er z.B. an ihre gemeinsamen Heimaterinnerungen anknüpfte und sie bat: "Liebe mich mehr als die Heimat in mir!" Oder wenn er ihr zuflüsterte, er habe ihre Einsamkeit gespürt und mitfühlend erlebt, darum habe er seine schützende und heilende Hand auf diese wunde Stelle ihrer Einsamkeit legen wollen. Die anderen Männer seien doch durch die Bank nur Egoisten, an die solle sie gar nicht mehr denken, er aber sei immer auch an ihrer Seele und ihrem Wohl interessiert. Sie lag nach solch hehren Worten noch viel weicher und widerstandsloser in seinen Armen.

Auch vor ihren Eltern spielte er, wenn er mal in deren Haus weilte, immer noch den feinsinnig um aller Wohl bemühten Seelsorger, so daß er diesen weiterhin rundum sympathisch blieb. Ihnen wäre es nicht im Traum eingefallen, ein Techtelmechtel dieses Priesters mit ihrer Tochter zu vermuten.

Claudia aber war inzwischen in den Pater derart verliebt, daß sie sich ein Leben ohne ihn gar nicht mehr vorstellen konnte. Sie wollte ständig in seiner Nähe sein, und die Zeiten, in denen sie auf ihn wartete, dehnten sich für sie schier ins Unendliche. Zwar war ihr das äußerst Riskante ihrer Situation bewußt: Hier der in der Öffentlichkeit stehende, so sehr populäre und beliebte Prediger, an dem kein Makel haften durfte - dort der Mann, den sie liebte und den sie ganz allein für sich haben wollte, ja mit dem sie am liebsten in einer ganz normalen, möglichst sogar von der Kirche gesegneten Ehe zu leben wünschte. Vorsichtig brachte sie das Gespräch auf diesen heiklen Punkt. Sie sprach ihn aber nicht direkt, lediglich in Andeutungen an. Aber er kapierte sofort. Diese Weiber, dachte er, wollen doch immer nur geheiratet werden. Aber er hütete sich, diesen Gedanken laut auszusprechen. Stattdessen belehrte er sie dahingehend, daß er eine große Mission habe, die es ohne Wenn und Aber und ohne Rücksicht auf private Interessen durchzuführen gelte. Diese Mission - "ich bin sozusagen ein geistlicher Volkstribun, der den Leuten Religion und Moral wieder schmackhaft macht!" - dulde keine Liaison mit einer Frau. "Die Leute wollen mich als Reinen, Keuschen, Enthaltsamen sehen, als einen, der nur für Gott und das Geistige lebt. Sonst nehmen sie meine Moralpredigt gar nicht an. Glaub' mir, so rein und enthaltsam wollte ich ja auch leben, aber dann tratst Du in mein Leben, und Du warst zu schön, zu süß, zu reizend, so daß ich nicht mehr widerstehen konnte".

Er tat so, als ob sie tatsächlich die allererste Frau in seinem Leben war. Aber sie spürte, daß dem nicht so sein konnte, denn er benahm sich überaus routiniert, wenn er mit ihr intim wurde. Das war alles andere als anfängerhaft, was er da mit ihr praktizierte. Später lernte sie in dem Kreis der ihn auf seinen "Missions-"Reisen durch Deutschland begleitenden Mitarbeiterinnen zwei Frauen kennen, die ihr durchaus glaubwürdig von ihren sexuellen Kontakten mit Pater Michael erzählten. Und sie wunderte sich dann auch gar nicht mehr darüber, daß diese beiden Frauen so wenig Respekt vor dem Pater hatten.

Aber kehren wir zu dem Gespräch zurück, das der Pater mit Claudia führte, um ihr den Gedanken an eine Ehe mit ihm auszutreiben. "Schau", sagte er, "natürlich wäre es ideal gewesen, wenn Äußeres und Inneres übereingestimmt hätten, wenn ich also auch im Privaten so wäre, wie mich die Menschen in der Öffentlichkeit sehen und haben wollen: als einen Geistesmenschen, der jeder fleischlichen Versuchung triumphal widersteht. Da ich dieses Ideal aber leider Gottes nicht durchhalten konnte, muß ich eben im Namen meiner hohen seelsorgerischen Aufgabe wenigstens den Schein wahren und so tun, als ob ich dem Ideal entspreche." "Ist das nicht Heuchelei", fragte sie leise. "Meinetwegen", lachte er, "nenne es, wie Du willst, bezeichne es sogar als Heuchelei. Aber in diesem Falle ist es eine geradezu gottgewollte Heuchelei, denn Gott selbst kann ja nicht wollen, daß ich meine Mission in der Öffentlcihkeit beflecke! Sollte ich also ein Heuchler sein, dann bin ich es aus sehr unegoistischen, Gott und seiner Kirche nützenden Gründen." Claudia stellte erstaunt fest, daß er sich bei diesen Formulierungen gar nicht schäbig, sondern wie ein Held oder Märtyrer einer guten Sache vorkam.

"Ehe", fügte er noch hinzu, "kann ja auch purer Egoismus sein. Schau Dir doch die meisten anderen Männer an, das sind doch Egoisten, die das private Wohl, auch das Liebes- oder das Eheglück, über ihre oft viel wichtigeren öffentlichen Aufgaben stellen. Zu denen kann ich nun einmal nicht gehören. Aber Du kannst meinetwegen durchaus einen anderen heiraten. Unsere Liaison kann trotzdem weiter bestehen. Im Gegenteil, dann hat sie noch größere Chancen, verborgen zu bleiben. Heirate also ruhig, aber bleib mir im tiefsten treu! Du brauchst einen Mann, der für Dich sorgt. Das kann ich ja nicht, da ich, abgesehen von meinen Vortragsreisen, im Kloster lebe. Aber für die Liebe bleibe ich zuständig! Das wäre doch ein prima Kompromiß. Bis Du damit einverstanden?"

Sie war es nicht, gab ihm aber keine Antwort. Was er als Kompromiß bezeichnete, widerte sie regelrecht an. Aber noch war die Glut ihrer Liebe zu diesem Mann, der sie so lange fasziniert hatte, nicht ganz erloschen. Widerstrebend und doch willfährig ergab sie sich immer wieder nach solchen Gesprächen seinen Küssen, Liebkosungen, raffinierten Zärtlichkeiten, obwohl ihr immer klarer wurde, daß er nur seine Lust und Triebabfuhr suchte, seinen ihn alles vergessen machenden Orgasmus, daß ihm die Gespräche mit ihr im Grunde gar nicht wichtig waren, weil er nur ihr süßes Fleisch und nichts darüber hinaus begehrte und genießen wollte, ehe er wieder in die graue Langeweile seines Klosterlebens zurückkehren mußte bzw. sich seiner "grandiosen" öffentlichen Mission zu widmen hatte.

Immer mehr litt Claudia unter der Doppelzüngigkeit und Doppelmoral von Pater Michael. Sie begleitete ihn ja oft bei seinen "Missionsreisen" durch die Bundesrepublik. Aber seine Predigten empfand sie zunehmend als überaus scheinheilig. Gebärdete er sich in ihnen doch als rigoroser Bußprediger, der nicht das geringste Mitleid mit den menschlichen Schwächen zeigte und das kleinste Aufbegehren gegen die strengen kirchlichen Normen und Verbote schärfstens geißelte. In seinen Moralverurteilungen schreckte er selbst vor derben Flüchen und einem primitiven Gassenjargon nicht zurück. Während die Hörer seiner Predigten noch lange von der Wucht seiner Worte benommen blieben, war er sofort nach seinem Auftritt, wenn er wieder zu seinem Mitarbeiterstab zurückkehrte, wie ausgewechselt. Fast übergangslos flüsterte er Claudia zu, wie toll sie heute wieder aussehe und welche Sehnsucht er nach ihr spüre. Er habe vergangene Nacht schon eine Erektion beim bloßen Gedanken an sie gehabt.

Claudia kannte das weitere Procedere. Nachdem der Pater noch mit dem ganzen Team das Abendessen im Hotelrestaurant eingenommen hatte, wobei er fast ununterbrochen Klerikerwitze, teilweise sogar recht schlüpfrige, zum Besten gab, begaben sich alle auf ihre Zimmer. Es dauerte nicht lange, da schlüpfte der Pater, wie es bereits dem üblichen "Liebes"-Ritual zwischen ihnen entsprach, zu Claudia ins Zimmer und Bett. Claudia charakterisierte das später so: Immer wieder "ließ ich mich vom Manne, der eben so ist, überrumpeln. Was mag er bloß dabei gedacht haben, wenn alles solche Lüge war? Er kam und suchte seinen Orgasmus - ich sage es aus heutiger Sicht - brutalst ... Er war bei mir, und ich konnte mich nur widerstrebend seinen Zärtlichkeiten ergeben. Ich wußte, er geht dann wieder, wenn er alles hat - er bekennt sich nicht zu mir. Ich weinte bei der Umarmung. Er konnte das gar nicht brauchen. Ein Gespräch danach war karg. Er entgegnete nur auf meine immer wieder auftretende Frage nach Beichte (warum er das täte), objektiv sei es Schuld - subjektiv nicht ... Ob er sich nur entspannen wollte? Dann aber wegen Dingen, die ihn belasten und nicht aus Liebe ... Doch ich war schon froh, daß er sagte: 'Ich habe ja nicht gewußt, daß Sexualität so etwas Schönes sein kann. Aber nicht mit allen - nur mit Dir! (Mit welchen allen ...) Er war so leidenschaftlich - daß ich bei seinem Orgasmus Angst bekam, er stürbe."

Zwei Dinge führten dann das Ende dieser Beziehung herbei: Einerseits Claudias immer ausdrücklicher und heftiger vorgetragener Wunsch, er möge doch endlich konsequent sein und sie heiraten, was ihm schon lange auf die Nerven ging - andererseits der Umstand, daß er sich an sie gewöhnt hatte, sie gar nicht mehr so attraktiv und neuartig empfand wie am Beginn ihrer Beziehung und daß er bereits daran war, eine neue Beziehung zu knüpfen. Für Claudia aber war es ein furchtbarer Schock, als er sie verließ und jedes weitere Treffen mit ihr kategorisch ablehnte. Die Folge: Nervenzusammenbrüche, schwerste Depressionen, Suizidversuche etc., wie oben bereits erwähnt.

Dieser Priester hat zweifellos ein Menschenleben zur Sinnlosigkeit verurteilt und auch physisch und psychisch ruiniert. Doch sollte man trotz alledem mehr das römisch-katholische System als ihn schuldig sprechen. Denn von der Zölibatsmoral dieses Systems her muß sein Entschluß, sich von der Partnerin zu trennen, als sittlich guter, wenn nicht gar heroischer Akt der Treue gegenüber der Kirche bewertet werden. Als Gefangener des Systems und im Rahmen der systemimmanenten Wertkategorien, an deren Spitze die Liebe zu Gott und zur Kirche steht, die allein diesen Gott authentisch verkündige, hat er korrekt gehandelt. Die meisten Priester dürften im Rahmen ihrer theologischen und asketisch-spirituellen Ausbildung wiederholt die Worte zu hören bekommen haben, daß für den Fall des sich Verliebens in eine Frau die Liebe und Treue zur Kirche als der Braut Christi den Vorrang hat. Es müsse dann als edelstes Opfer gelten, die Frau hochherzig freizugeben (realistisch gesagt: sitzenzulassen), um Gott und seiner Kirche wieder ungeteilt dienen zu können. Gern wird in diesem Zusammenhang auf den von der Kirche heiliggesprochenen großen Augustinus (354-430) verwiesen, der seine Konkubine, mit der er über ein Jahrzehnt lang zusammenlebte und mit der er einen Sohn hatte, entließ und später Priester und Bischof wurde. Was aber ist das für eine organisierte Religion, die die Liebe als etwas Teil- und Trennbares verkündet, die zwischen der Liebe zu Gott und der zu einem konkreten Menschen eine Kluft aufreißt, so daß sich gegen den Menschen entscheiden muß, wer sich für Gott und »seine« Kirche entscheidet?!

Bei dem soeben Gesagten handelt es sich keineswegs um boshafte Deutungen. Das oberste Lehramt der Kirche selbst bestärkt die "der Lust erlegenen", aber reumütig ihren Dienst als Priester wieder aufnehmenden Zölibatsbrecher in der Überzeugung, damit etwas moralisch Einzigartiges und Wertvolles zu tun. In seiner »Enzyklika über den priesterlichen Zölibat« (1967) wandte sich Paul VI. "mit väterlicher Liebe, mit großem Bangen und Schmerz jenen unglücklichen, aber stets über alles geliebten Mitbrüdern im Priesteramt zu, die das ihrer Seele eingeprägte heilige Zeichen des Weihesakramentes in sich tragen und doch so bedauerlich ihren Pflichten, die sie bei der Priesterweihe übernommen haben, untreu geworden sind". Dagegen will er es "nicht versäumen, Gott mit überaus großer Freude dafür zu danken, daß Wir beobachten können, wie manche von denen, die für einige Zeit untreu geworden sind, sich so eifrig aller geeigneten Hilfsmittel bedient haben - vor allem des demütigen Gebetes, der Übung in der Demut, des zähen geistigen Kampfes und des häufigen Empfanges des Bußsakramentes -, daß sie mit der Gnade des Hohenpriesters auf den rechten Weg zurückgekehrt und zur Freude aller wieder seine vorbildlichen Diener geworden sind".

Die Diskriminierung der »untreuen« Priester durch den »Pontifex Maximus« trägt noch wesentlich dazu bei, daß die Trennung von einer Frau im Namen der priesterlichen Liebe zur Kirche den betreffenden Klerikern als Tugend erscheinen muß. Die vom Priesteramt Dispensierten werden von der päpstlichen Zölibatsenzyklika als "nur sehr wenige im Vergleich zu der großen Zahl seelisch gesunder und würdiger Priester", somit als psychisch Kranke und Unwürdige hingestellt. "Die Weigerung, das sanfte Joch Christi" (also den Zölibat) "würdig zu tragen", wird u.a. "auf eine Glaubenskrise oder auf sittliches Versagen" zurückgeführt, auf "eine Art Verzweiflung, Unsicherheit, Leidenschaft und seelischer Verwirrung". Die die Zölibatsverpflichtung nicht mehr einhaltenden Priester werden als "unglückliche Diener Gottes", als "Ärgernis", "Unruhe ..., Schande und ... Verwirrung ... der heiligen Kirche Gottes Zufügende", als nachteilig Veranlagte, als Abgefallene, als nicht frei und voll verantwortlich Handelnde be- bzw. verurteilt. Ihr Zustand sei "beklagenswert", ihr "Los traurig", ebenso wie der "daraus erwachsende öffentliche und persönliche Schaden". "Wenn diese Priester ... den Vorzug der übernommenen Verpflichtungen bedächten und einsähen, welchen Gefahren sie sich in diesem und im zukünftigen Leben aussetzen, dann würden sie gewiß vorsichtiger und überlegter in ihren Entschlüssen sein, bereiter zum Gebet und gründlicher und tatkräftiger einem derartigen geistlichen und moralischen Versagen vorbeugen".

Auch die Bedingungen, überhaupt die Art, wie die »Gnade« der Dispens vom Priesteramt, die Laisierung, gewährt wird, ohne daß der von der Zölibatsverpflichtung Befreite irgendwelche Rechtsansprüche geltend machen kann, sind diskriminierend. "Soweit jemand im Einzelfall für das Priesteramt nicht zurückgewonnen werden kann, aber doch den aufrichtigen und guten Willen zeigt, als Laie ein christliches Leben zu führen, gewährt der Apostolische Stuhl, die Liebe über den Schmerz stellend, nach gewissenhaftester Abwägung aller Umstände und gemeinsamer Beratung mit dem Ordinarius oder dem Ordensoberen bisweilen die erbetene Dispens. Dabei werden einige Werke der Frömmigkeit und der Sühne auferlegt, damit in dem unglücklichen und doch immer geliebten Sohn ein heilsames Zeichen des mütterlichen Schmerzes der Kirche und eine lebendige Erinnerung daran verbleibe, daß alle der göttlichen Barmherzigkeit bedürfen". - "Streng und zugleich doch barmherzig", "von höchster Klugheit und Behutsamkeit bestimmt", nannte Papst Paul VI. dieses Vorgehen. Dachte er dabei wohl an Italien, in dessen Hauptstadt er residierte und in dem die unmenschlich-grausamen Bestimmungen, die der Vatikan in den Lateranverträgen von 1929 durchgesetzt hat, den einstigen Priester überaus »christlich« aus allen Lebenszusammenhängen ausstoßen und ihm jeden menschenwürdigen Beruf verunmöglichen. Ein Großteil der Gepäckträger auf den Bahnhöfen italienischer Großstädte waren einstige Priester. Viele von ihnen sind - aus Verbitterung - Kommunisten geworden. Italien steht an der Spitze der Länder mit den meisten Priesteraustritten, wobei eine beängstigende Dunkelziffer mit hereinspielt; sie geht in die Zehntausende, erklärlich angesichts der unmittelbaren rücksichtslosen Repressionen, die der Vatikan dort noch auf den Stand ausüben kann. Aber unter Pauls Nachfolger Johannes Paul II. wurde die restriktive Dispenspraxis des Vatikans gegenüber den Priestern sogar noch verschärft!

Kehren wir aber noch einmal zu dem vohin geschilderten Fall zurück. Vielleicht möchte der eine oder andere der um ihr Lebensglück betrogenen Claudia den Vorwurf machen, sie sei naiv gewesen. Eine Frau reiferen Alters müsse doch wissen, daß viele Männer von Liebe sprechen, wenn sie Sex wollen. Schuld an dieser naiven Vertrauensseligkeit katholischer Mädchen und Frauen trägt aber wiederum das organisierte römisch-katholische Religionssystem, das den Menschen jahrhundertelang verkündet hat, der Priester sei ein engelgleiches, von Gott auserwähltes, von den Laien unterschiedenes und über das Natürlich-Menschliche erhabenes, begnadetes Ausnahmewesen, dem als Verwalter der Geheimnisse Gottes besondere Ehrfurcht und kindliches Vertrauen entgegenzubringen seien. Auch katholische Kritiker warfen ja bekanntlich der Zölibatsenzyklika Pauls VI. vor, "sie entwickle eine Theologie des Priestertums ..., die den Priester wieder zu einer Art von Ausnahmemenschen mache, ihn zu einer gefährlichen Identifikation mit Christus verleite".

Als begnadetes Ausnahmewesen wird der Priester geradezu gezwungen, sich stets andersartig, idealistischer, sittlich erhabener zu benehmen, als er tatsächlich ist. Dies gilt natürlich auch für sein Benehmen Frauen gegenüber. Hinzu kommt, daß man ihm in vielen Jahren der Priester- und Predigerausbildung jene salbungsvolle Sprache beigebracht hat, durch die sich alle offiziellen kirchlichen Verlautbarungen, nicht zuletzt die Zölibatsenzyklika Pauls VI. oder die Erklärung der Glaubenskongregation des Vatikans »zu einigen Fragen der Sexualität«, auszeichnen. Einen Aspekt im Rahmen der permanenten Selbstrechtfertigungsideologie des römisch-katholischen Religionssystems stellt ja die Tatsache dar, daß selbst den banalsten Realitäten in Kirche und Welt sprachlich eine göttliche, eine christologische, eine moralisch-pathetische, eine pädagogische, eine von der Vorsehung gewollte oder zugelassene Dimension hinzugefügt wird. Dementsprechend müssen die Funktionäre des Systems - die höheren ebenso wie die niederen - mit der Zeit zwangsläufig der Illusion verfallen, sie seien tatsächlich so, wie sie sprechen. So tragen sie selber wesentlich zur Polarisierung der ihnen begegnenden Menschen bei: diese müssen sie entweder für ethische Übermenschen oder aber für Betrüger und Ver-rückte (im ursprünglichen Sinne des Wortes) halten. In diesem Sachverhalt liegt auch die Wurzel dafür, daß Frauen, wie eben auch Claudia, derart enttäuscht, betrogen und mißbraucht werden können von Priestern, denen sie ein viel größeres Vertrauen als anderen Männern entgegengebracht haben.

Siebentes Kapitel

Der Kurienkardinal und sein Kaplan
Ein aufschlußreiches Gespräch über Jesus, die Moral und den Zölibat

Der Kardinal, um den es im sogleich zu berichtenden Fall geht, ist ein alter Herr mit 86 Jahren auf dem krumm und steif gewordenen Rücken. Seinen Dienst in der Kurie versieht er schon lange nicht mehr, aber wegen seiner großen Verdienste um die Mutter Kirche hat der Papst höchstpersönlich verfügt, daß ein junger Priester sich ständig zu seinen Diensten bereithält. Dieser Kaplan oder Assistent unseres hochangesehenen Kurienkardinals hat sich in eine junge Ordensfrau verliebt, die dem Kardinal aus dem nahegelegenen Nonnenkloster tagtäglich das Essen bringt, es zuweilen auch selber in der Wohnung des Kardinals zubereitet.

Der junge Geistliche hat also ein Problem, weil er sich tatsächlich in seinem Leben zum ersten Mal richtig verliebt hat und seine Liebe von der jungen Frau auch erwidert wird. Aber so sehr sie auch ineinander verliebt sind, sie haben beide dabei ihre Gewissensbisse und moralischen Skrupel. Sie, weil sie doch schon ihre ewigen Gelübde (der immerwährenden Reinheit und Jungfräulichkeit) abgelegt hat; er, weil er sich doch zum Zölibat, zur priesterlichen Enthaltsamkeit und Ehelosigkeit bei der Priesterweihe verpflichtet hat. Aber das Problem mit dem Zölibat weitet sich ihm im Zusammenhang mit seiner "Affäre" immer mehr aus. Er bekommt ständig weitere Zweifel, er fängt an, alles und jedes zu hinterfragen. Bei der Suche nach den Gründen, die entweder den Zölibat oder aber seine Liaison mit der Nonne rechtfertigen könnten, landet er schließlich bei Jesus selbst, also beim Ursprung der christlichen Religion. Und er fragt sich, ob denn dieser Jesus selbst zölibatär gelebt habe oder verheiratet gewesen sei, ob Jesus denn überhaupt als Legitimationsstütze für das kirchliche Zölibatsgesetz herhalten könne.

Aber diese ganze verzweifelte Suche nach Gründen und Gegengründen droht ihm inzwischen alle Fundamente wegzuschwemmen, die sein bisheriges Glaubensleben getragen haben. Er wird immer unsicherer. Schließlich entschließt er sich, den Kardinal, dem er ja zugeteilt ist und der auf ihn einen weisen, freundlichen Eindruck macht, diesbezüglich zu befragen. Er ist dabei vorsichtig genug, die Frage nach dem Zölibat, nach der Erotik und Sexualität im Priesterleben nicht direkt zu stellen. Er hofft vielmehr, daß die Sprache letztlich auch darauf kommen könnte, wenn er zunächst einmal nach der Bedeutung Jesu für die moralische Gesetzgebung der Kirche fragt.

Hier also das sich nun entwickelnde Gespräch zwischen dem Kardinal (= K) und seinem Assistenten (= J, weil sein Vorname Jakob lautet):

J.: Eminenz, Sie sind so weise, so klug, so belesen, sagen Sie mir, was man von den Kritikern halten soll, die ein ganz anderes Jesusbild entwerfen als das, welches unsere Mutter Kirche lehrt, die auch eine Diskrepanz sehen zwischen der Moral Jesu und der Moral der Kirche.

K.: Nun, mein Sohn, ich hätte Dir noch vor wenigen Jahren darauf geantwortet, daß diese Kritiker nicht ernstzunehmen sind, daß böser Wille sie dazu verleitet, Existenz und Vollkommenheit des Gottessohnes Jesus Christus sowie seine Kontinuität mit der Kirche anzuzweifeln oder gar zu leugnen. Aber ich bin jetzt alt, stehe an der Schwelle des Todes, sehe die Dinge glasklar, aber auch gelassener und will Dir reinen Wein einschenken, wobei ich nur ein wenig Angst habe, daß Du vielleicht noch zu jung bist, um die ganze Wahrheit zu verkraften.

J.: Oh, Eminenz, ich dürste nach der Wahrheit, und ich denke, daß ich stark genug bin, sie zu verkraften.

K.: Ja, ja, Jugend überschätzt sich leicht. Aber wer, ob jung oder alt, könnte schon die ganze ungeschminkte Wahrheit ertragen? Sei's drum, ich muß vor meinem Tode einfach noch einiges loswerden. Du mußt nur versprechen, daß Du es für Dich behältst. Versprich mir, daß Du es wie das Beichtgeheimnis hüten wirst.

J.: Ich verspreche es hoch und heilig.

K.: Also, um auf Deine grundsätzliche Frage zurückzukommen: Wie und wer war Jesus wirklich? Siehst Du, mein Sohn, all die Leute, die einen anderen Jesus als den der Kirche lehren, haben ja in Vielem oder Manchem nicht Unrecht. Jesus war tatsächlich nicht der erste Christ, sondern Jude, dem es nicht im Traum eingefallen wäre, eine neue Religion zu gründen, die christliche; er lebte völlig in der Vorstellungswelt der mosaischen Religion und der damaligen israelitischen Moral, wiewohl er diese in mancherlei Hinsicht vertiefen und veredeln wollte. In gewissen Dingen aber war er für meinen Geschmack zu leger, ja bisweilen geradezu lax bis lasziv, wenn ich an seinen Umgang mit Frauen, besonders mit Maria Magdalena oder mit Johanna, der Frau des Finanzministers des Königs Herodes, denke. Offenbar liebte er viele Frauen und legte sich dabei keine Zügel an, allerdings auch nicht seinen Jüngern. Aber auch in anderen Hinsichten war er nicht ohne Fehler. Denke nur an seinen Jähzorn und seine Arroganz, wie er den Feigenbaum oder auch ganze

Städte verflucht, nur weil dieser noch keine reifen Früchte trug bzw. diese Städte ihn nicht gastfreundlich aufgenommen hatten. Er konnte schneidend schroff sein, z.B. zu seiner Mutter oder der heidnischen, eben nichtjüdischen Frau, die ihn anflehte, doch ihre Tochter zu heilen. Aber dennoch wäre es ihm als Gotteslästerung erschienen, sich selbst für einen Gott, für den authentischen Sohn Gottes zu halten. Wissenschaftlich-exegetisch besehen, wissen wir nicht einmal genau, ob er sich für den Messias hielt.

J.: Aber, Eminenz, wenn dem so wäre, dann fiele ja das Jesusbild unserer Kirche wie ein Kartenhaus in sich zusammen. Dann stimmte die ganze dogmatische Lehre der Amtskirche über Jesus Christus überhaupt nicht mehr. Sie wäre Fälschung, Betrug, alles andere als die zu unserem Heil notwendige Wahrheit!

K.: Ruhig, mein junger Freund, nur ruhig! Ein wenig mehr Geduld, wenn ich bitten darf. Ich bin ja noch längst nicht am Ende meiner Ausführungen. Die Wahrheit ist doch keine Ware, die nur so herumliegt und die man bloß aufzuheben braucht. Auch nicht etwas, das man aus der Vergangenheit einfach hervorholen kann. Was die nichtkirchlichen Bibelforscher hervorholen, sind doch keine unbezweifelbaren Geschichtswahrheiten, sondern nur Wahrscheinlichkeiten, Möglichkeiten, Hypothesen, Mutmaßungen, die durch die Evangelientexte und die jüdische Umwelt zur Zeit Jesu mehr oder minder gestützt und bestätigt werden. Wir haben ja nur diese Evangelien, die kanonischen wie die apokryphen, die uns etwas über Jesus sagen. Die paar außerchristlichen Zeugnisse kannst Du vergessen, die stützen sich auf Beobachtungen von Christengemeinden, die an Jesus glaubten, und tragen zur Kenntnis der Person Jesu gar nichts bei. Selbst wenn jemand behaupten wollte - und das tun ja einige

Historiker -, die Gestalt Jesu sei von den Urchristen erfunden und die Evangelien seien Niederschläge der stufenweisen Konstruierung dieser Gestalt, könnte man dies nicht einfach als völlig unwissenschaftliche These disqualifizieren.

J.: Ja, aber dann wäre es doch eben so, wie ich vorhin eingewendet habe, daß die Lehre der Kirche über Jesus die Unwahrheit ist.

K.: Du hast, mein junger Hitzkopf, nicht genau auf das gehört, was ich gesagt habe. Denk an das, was ich über die Wissenschaftler sagte, die zu anderen Ergebnissen bezüglich der Gestalt Jesu kommen, als sie die Kirche lehrt. Diese Ergebnisse sind, so sagte ich, höchstens Wahrscheinlichkeiten, Möglichkeiten, mehr oder minder plausible Hypothesen. Wahrheit liegt niemals vor, sie kann aus der Vergangenheit nicht einfach hervorgeholt, sondern muß konstruiert, also hergestellt werden. Sie wird erst real durch die, die die Macht haben, sie zu formulieren und zu konstruieren und den Menschen verbindlich aufzuerlegen. Verstehst Du jetzt, was ich wirklich gemeint habe: Ohne eine Institution, eine Organisation, eine Gruppe von Tonangebenden in einer Epoche, einer Gesellschaft gibt es keine verbindliche Wahrheit. Wahrheit ist nicht das, was ist. Wahrheit ist das, was gemacht wird. Es kann uns, der offiziellen Kirche, im Grunde schnuppe und egal sein, was die Bibelforscher in Bezug auf die Gestalt Jesu noch alles ausgraben, ans Tageslicht holen, als mehr oder weniger sichere Erkenntnis über ihn ausgeben werden. Wichtig ist doch nur, daß wir, die Amtskirche, die Weltkirche auch eine weltumfassende Aufgabe haben, nämlich der Menschheit eine heilbringende Wahrheit zu bringen, die unvergleichlich höher steht als all diese sogenannten wissenschaftlichen und historischen Wahrheiten. Diese ganz und gar überlegene Wahrheit braucht gar keine »Ist-

Wahrheit« zu sein, sondern muß eine »Soll-Wahrheit«, eine »Ideal-Wahrheit« sein: nämlich daß es vor langer Zeit einen Menschen gegeben hat, der zugleich der wahre, unendlich vollkommene Sohn Gottes war, von Gottvater geschickt, uns zu erlösen, von unseren Sünden zu befreien. Auf diese Weise bekommt die Menschheit das höchste denkbare Vorbild vorgesetzt, das beste Gegengewicht gegen die Götzen, die Idole (Gurus, Führer, Popmusik-Idole, Filmstars etc.), die es gerade heute in Hülle und Fülle wieder gibt.

J.: Aber das ist doch dann keine reale, keine geschichtliche Wahrheit, die da über Jesus gelehrt wird, sondern eine phantastische Idealwahrheit, die uns über den wirklichen Jesus, wenn er denn vor fast 2000 Jahren in Palästina gelebt hat, nichts sagt.

K.: Mein Sohn, das Ideal ist immer wichtiger als die (historische) Realität! Wenn man dieser nähertritt oder, wenn das möglich wäre, näher an sie herantreten könnte, dann würde man merken, wie fehlerhaft, wie befleckt, wie bisweilen sogar nichtssagend und nichtig diese Realität in Wirklichkeit war oder ist. Wir manipulieren daher, wenn man schon das böse Wort Manipulation in diesem Zusammenhang benutzen will, die (graue) Realität, auch die Realität über Jesus, zu ihrem Besten. Wir verbessern sie zum Ideal! Wir machen aus diesem kleinen, unbedeutenden, etwas nichtssagenden Galiläer, von dem die antike griechisch-römische Kulturwelt überhaupt keine Notiz nahm, eine große, ja die größte, religiös und ethisch wichtigste Gestalt der ganzen Weltgeschichte. Vor allem: Wir haben diese Gestalt auch auf ein ganz neues, viel höheres ethisches Niveau emporgezogen, vielleicht haben wir ihm überhaupt erst einmal eine ethische Qualität gegeben, denn seien wir doch ehrlich, der Mann war doch wahrscheinlich ein Hippie, ein Genießer, ja ein Chaot und Anarchist, der sich über heiligste Bräuche und Konventionen seiner jüdischen Umwelt hinwegsetzte, der die jüdischen und römischen Obrigkeiten relativierte, keine Herrschaft über sich anerkennen wollte. Nicht einmal das ethisch Gute erkannte er als solches an, sonst hätte er doch den korrupten Lumpen von Zöllner nicht dem frommen und gute Werke vollbringenden Pharisäer oder den Hurenbock und Verschwender von einem verlorenen Sohn dem fleißigen, treuen, beim Vater gebliebenen Sohn vorgezogen. Er hätte auch die Arbeiter der letzten Stunde nicht ebenso entlohnt wie die den ganzen Tag im Schweiß ihres Angesichts Schuftenden. Ich wundere mich sowieso, daß sich die Gewerkschaften noch nie über diesen so krass ungerechten Text empört haben.

J.: Also eigentlich hat die Kirche dann aus Jesus etwas ganz Anderes gemacht, als er ursprünglich war.

K.: Richtig, aber Du darfst nie vergessen: Sie hat es in bester Absicht getan, um den Menschen, so wie sie sie versteht, etwas außerordentlich Gutes zu tun. Ohne unsere Bearbeitung der Gestalt Jesu ist dieser zu nichts nütze, im Gegenteil: er ist direkt kontraproduktiv. Wir mußten ihn sozusagen präparieren, geradezu umkrempeln. Ich weiß, mein junger Freund, das ist starker Tobak für Dich. Aber vergiß nicht: die Kirche weiß, wo's langgeht. Sie hat eine jahrtausendealte Erfahrung und weiß, was die Menschen brauchen. Sie brauchen Idole, gute Idole, denn nur das Idol, nicht die Realität tröstet. Wir haben ein Idol konstruiert, das viel besser ist als die Idole, an denen sich die Leute, insbesondere die Jugend, heute berauschen. Die verehren irgendeinen Nur-Menschen, einen Filmstar, einen prominenten Forscher oder Wohltäter der Menschheit u.ä. Wir setzen der Menschheit ein Wesen vor, das Mensch ist und zugleich mehr als ein Mensch, nämlich leibhaftiger Gottessohn, womit wir alle anderen zu sehr von Menschen verehrten Vorbilder einfach zu Götzen erklären können.

J.: Das ist doch dann sehr clever, fast schon raffiniert gemacht: diese Desavouierung aller anderen Vorbilder zugunsten des von der Kirche gemachten Vorbildes. Kann man denn insofern noch von "bester Absicht" sprechen, oder verfolgt die Kirche nicht doch ein paar Eigeninteressen, wenn sie den Menschen einen derart stark umfunktionierten Jesus darbietet?

K.: Wir fühlen uns eben für die Moral der Menschheit verantwortlich und auch zuständig. Das ist eine so große Sache, da muß uns jedes Mittel zur Grundlegung und Förderung dieser Moral recht sein.

J.: Auch das der Verfälschung der (historischen) Wahrheit, das der Deklarierung eines Gottessohn-Mythos zur Realität?

K.: Auch das! Wo wenn nicht hier heiligt der (hohe) Zwecke die Mittel?! Nur ganz Wenige handeln aufgrund eines inneren Gewissensantriebs. Die Masse kommt nicht einmal zu einer Minimalmoral, wenn wir ihr kein göttliches, kein gottmenschliches Vorbild vor die Nase setzen, das sie führt, ihr befiehlt, sie belohnt oder bestraft. Daß wir, die hierarchische Kirche, dabei als Mittler, als irdische Ausführungsorgane dieser göttlichen Belohnungs- und Bestrafungsrituale, z.B. mithilfe der Beichte, fungieren und uns dabei von niemandem ersetzen lassen, ist doch fast selbstverständlich. Nur Böswillige können das als unser gruppenegoistisches Eigeninteresse schlechtmachen. Natürlich versuchen wir unsere Herrschaft immer mehr zu festigen, denn die Festigung unserer Herrschaft dient ja auch der Festigung des Christusidols, das die Masse braucht, um moralischer zu werden. Ich gebe zu, da besteht auch eine Wechselwirkung, denn wenn die Menschen an dieses Ideal eines Gottessohnes immer fester glauben, glauben sie auch immer stärker an die göttliche Sanktionierung, an die Gottgestiftetheit unserer Institution. Wir machen es ja andererseits den Menschen in vielen Hinsichten auch nicht allzu schwer. Sicher, wir verbieten ziemlich rigoros Vieles in puncto Sexualität. Aber zugleich wissen wir, daß die meisten Menschen die Verbote des außer- und vorehelichen Geschlechtsverkehrs, der Homo- und Bisexualität, der Ehescheidung, der Masturbation usw. ohnehin nicht halten. Dadurch kriegen sie ein schlechtes Gewissen, ein sie belastendes Schuldbewußtsein. Und dann stehen wir da wie der Vater des verlorenen Sohnes und erlassen den Schuldbewußten in der Beichte gütig ihre Sünden. Diese Aufrechterhaltung eines Bewußtseins der Schuld ist zwar ein Mittel unserer Herrschaft, aber auch damit dienen wir ja den Menschen, ihrer Entsündigung, ihrer Moral. Und da, wo dieser Anarchist Jesus zu rigorose Forderungen gestellt hat - denke nur an den Befehl, alle Habe aufzugeben und ihm zu folgen -, dort haben wir diese Postulate einfach dem Vergessen anheimgegeben oder sie in die Klöster verlegt, wo der einzelne Mönch, die einzelne Nonne zugunsten der Mutter Kirche auf seinen Besitz verzichtet. Wo kämen wir auch hin, wenn wir die Reichen aus der Kirche herausekeln würden?

J.: Das klingt aber sehr nach dem Prinzip »Zuckerbrot und Peitsche«: einmal rigoros in den moralischen Anforderungen, dann wieder relativ lax in der Ausführung. Gehen weltliche Diktaturen bisweilen nicht auch so mit ihren Untertanen um? Aber nicht darum geht es mir jetzt primär. Darf ich mir vielmehr, Eminenz, noch einmal die ganz grundsätzliche Frage erlauben, ob es denn nicht doch falsch, unsittlich, unwahrhaftig, ja betrügerisch ist, wenn die Hierarchie der Kirche ihre gute Moral auf das Fundament der Lüge stellt, nämlich auf die von ihr gemachte und erfundene Botschaft vom Gottmenschen Jesus Christus?

K.: Mein Sohn, wenn das eine Lüge sein sollte, dann ist das eine Lüge höherer Natur, eine Lüge zum Heil der Menschheit. Wir haben für diese Lüge, ich sage lieber: für diese höhere Wahrheit unermeßlich viele Mühen und Opfer aufgebracht, bis wir es erreicht hatten, daß diese Pyramide, dieser Prachtbau mit Gottvater an der Spitze, mit seinem Sohn Jesus Christus an der Übergangsstelle zwischen Zeit und Ewigkeit, Diesseits und Jenseits, Erde und Himmel, und mit dem Papst als sichtbarem Repräsentanten dieser metaphysischen Größen errichtet war. Tausende von Kirchentheologen modellierten in jedem Jahrhundert der Kirche an den kleinsten Details dieses Baus. Die Sache ist auch ästhetisch, architektonisch, nicht bloß ethisch eine absolute Meisterleistung, für die uns alle Menschen dankbar sein müßten. Stattdessen ernten wir immer wieder Undank und oft wird unser ganzes Werk als Erfindung einer machtbesessenen Priesterkaste hingestellt. Aber das stehen wir durch, wir tun es ja für das höhere Wohl der Menschheit.

J.: Ich bin mir nicht sicher, ob die Menschheit oder genauer die Masse jener gläubigen Menschen, die die Sache noch nicht durchschaut haben, dankbar sein wird, wenn sie einmal erkennt, daß sie in Bezug auf die Person und den Charakter Jesu von der Kirche total irregeführt worden ist.

K.: Ach, die Masse! Die Masse wird das doch nie durchschauen. Und Dich, der Du intelligent bist und das durchschaust, ermahne ich, die ganze Geschichte nicht gar so eng und kleinlich zu sehen. Sei doch froh, daß wir, die hierarchische Kirche, d.h. Päpste, Kardinäle und Bischöfe, Jesus so groß herausgebracht haben. Das ist nun mal der Gang der Geschichte: Aus Kleinem wird im Lauf der Zeit Großes! Und wenn etwas nicht von vornherein groß ist oder von allein groß wird, dann helfen wir eben nach. Das Volk braucht zur Stützung und Stabilisierung der Moral eine große Persönlichkeit aus der Geschichte als Vorbild, es will zu jemandem aufschauen. Und je weiter diese Persönlichkeit zeitmäßig zurückliegt, um so besser. Der Abstand der Geschichte bewirkt, daß man auch die faktische Kleinheit, die Fehler eines Charakters etc. nicht mehr so genau rekonstruieren kann.

J.: Ja, aber mich beunruhigt der Gedanke, daß die Hierarchen der Kirche das alles vielleicht gar nicht so sehr zum Ruhm und zur Erhöhung des Galiläers Jesus gemacht haben, sondern um über einen Faktor, eine Größe zu verfügen, die durch ihr Vorbild die Organisation Kirche in ihrer Macht und Ausbreitung stabilisiert und fördert.

K.: Nun, das kann Dir so erscheinen. Aber bedenke, mein Sohn: Moral kann man bei der Masse der Menschen nur durchsetzen, wenn man über eine große, imposante, Eindruck machende Organisation verfügt, die wiederum als eine Bedingung ihrer Effizienz einen großen Stifter nötig hat. Denk doch auch nur an die Fleischlichkeit des Massenmenschen, seine grobe und rohe Sexualität. Wie willst Du die vergeistigen, veredeln, wenn Du nicht mit einem Menschen in legendärer Vorzeit aufwarten kannst, der total, eben göttlich erhaben über alle Gelüste des Fleisches, über alle dunklen Triebe war, der dem Geist in uns Menschen zum Siege über die niedrige Natur verhelfen kann. Wir mußten also geradezu aus dem Jesus, den Zeitgenossen, wie die Evangelien berichten, als "Fresser und Säufer" und als Frauenfreund beschimpften, einen sinnenfeindlichen Asketen machen, dem die böse Libido nichts anhaben konnte. Dadurch haben wir in unserer Morallehre die Priorität, die Herrschaft des Geistes über den Körper durch ein überragendes gottmenschliches Vorbild grundgelegt, wiewohl die ewig nörgelnden Kritiker aller Jahrhunderte uns auch dafür nicht dankbar waren. Haben sie uns doch deswegen Natur- und Leibfeindlichekit vorgeworfen und zugleich spöttisch darauf hingewiesen, daß wir selbst uns an diese körperfeindliche Moral meist nicht gehalten haben. Aber das in der Sinnlichkeit versunkene Volk braucht eben den Glauben, daß es Einen gab, der sein Fleisch beherrschte. Es sündigt zwar trotzdem in sexueller Hinsicht noch und noch, aber indem es die Differenz, den Abstand zu diesem göttlich Reinen erfährt, ist es ja um so schuldbewußter und disponierter zum Gehorsam, zur Subordination gegenüber der Kirche.

J.: Aber dann stecken ja doch wieder Machtinteressen hinter dem Ganzen. Die Hierarchen legen den Menschen Keuschheitsgebote auf, die kaum jemand halten kann, und stärken die Sanktionskraft dieser Gebote mit dem Hinweis auf einen superreinen Übermenschen, der einmal gelebt haben soll. Das alles tun sie, weil sie glauben, daß die Masse sich lieber von Leuten führen läßt, die als Beherrscher der Triebe, als Erhabene über das Irdische und die böse Fleischeslust gelten. Nur: Mir scheint, das imponiert heute den Leuten immer weniger, und immer weniger Menschen wollen das noch glauben. Die Menschen hassen vielmehr die Heuchelei, die keusche Fassade, hinter der das von den Kirchenfürsten erlassene Verbot um so ungestümer gebrochen wird, und zwar doch auch von Priestern aller Hierarchiestufen selbst. Kann denn Gott all das so gewollt haben, wie Ihr das arrangiert habt?

K.: Also, lieber junger Freund, komme mir in diesem Zusammenhang doch bitte nicht mit Gott. Unter uns gesagt, wo hat Gott denn jemals unzweideutig oder auch nur zweifelsfrei gesprochen? Aber wir Hierarchen, genauer: unsere Hoftheologen, haben ein imponierendes System der Offenbarung eines eindeutig sprechenden Gottes geschaffen. Das Volk braucht Eindeutiges, Autoritatives. Das liefern wir, indem wir sagen: Gott selbst, die höchste Autorität und Instanz, hat gesprochen und genau gesagt, was Er will und was die Menschen zu befolgen haben, wie wir das noch kürzlich im »Katechismus der katholischen Kirche« Punkt für Punkt ganz exakt fixiert haben. Nur so kann bei den Menschenmassen das moralische Chaos verhindert werden. Es ist grandios, was wir aus den vieldeutigen, zusammengewürfelten, unsystematischen, oft sogar unverständlichen Reden Jahwes und Jesu in der Bibel und auch aus den noch sehr einfältigen, theologisch nicht durchdachten Briefen der Apostel in mühsamer Arbeit gemacht haben. Deshalb sind wir Hierarchen trotz all unserer Fehler - die das Volk übrigens längst vergessen hat, die nur von einigen unbelehrbaren Kirchenkritikern notorisch wiederholt werden - die eigentliche moralische Autorität der Welt, der Fix- und Orientierungspunkt, an den sich die Menschen halten können und meistens auch halten wollen, denn wer will schon wirklich in bezug auf die letzten Sinnfragen auf eigenen Beinen stehen und selbständig Antworten erarbeiten? Die Schafe und Esel unter den Menschen sterben noch lange nicht aus, und das garantiert unsere Herrschaft. Diesbezüglich hat der aufmüpfige Mönch Giordano Bruno, den wir aber unter anderem gerade wegen seiner »Eselshymne« auf die Kirche verbrennen mußten, ausnahmsweise mal nicht unrecht.

J.: Ich weiß nicht, Eminenz, ob in dieser Hinsicht die Kirchenführer nicht einer Selbsttäuschung unterliegen. Das Ende der indoktrinierten und manipulierten »Schafe« und »Esel« ist doch schon in Sicht.

Die Kirchenaustritte schlagen immer höhere Wellen. Viele Menschen gehen jetzt auch in religiöser und ethischer Hinsicht ihre eigenen Wege. Und das Volk, die Menschenmassen - die jubeln dem Papst zwar in einigen Ländern der Dritten Welt noch immer zu, wie sie jedem Guru, jedem vermeintlichen Heilbringer, jeder Sensation zujubeln, aber seine rigorosen moralischen Appelle befolgen sie deshalb noch längst nicht. Auch viele Priester laufen weg, heiraten bzw. gehen heterosexuelle oder homosexuelle Partnerschaften ein. Kürzlich hat mir einer von ihnen gesagt, daß es einen der lächerlichsten Witze der Weltgeschichte darstellt, aus der Lehre Jesu ein Zölibatsgesetz oder gar einen ganzen verschrobenen Moralkodex nach Art des neuen Katechismus abzuleiten.

K.: Mein Sohn, jetzt vergreifst Du dich aber ganz entschieden im Ton. Doch will ich das dem Ungestüm Deiner Jugend ankreiden, nicht Dir selbst. Aber zur Sache: Du hältst es für möglich, daß wir Hierarchen einer Selbsttäuschung unterliegen. Denk nicht, daß ich im Lauf meines langen Lebens mich das nicht auch selbst einige Male gefragt habe. Aber ich vermag letztlich einfach nicht zu glauben, daß dieses ganze Unternehmen Kirche mit all den ungeheuren Anstrengungen, eine erhabene Doktrin in dogmatischer wie moralischer Hinsicht zu schaffen, nicht auch ein Werk des Heiligen Geistes ist. Die Proklamierung der Unfehlbarkeit des Papstes ist ja nur die Konsequenz dieses Glaubens an die Wirksamkeit des Hl. Geistes in all unseren Unternehmungen.

J.: Aber gerade dieses Unfehlbarkeitsdogma gab es doch in der Geschichte des Christentums bis ins 19. Jahrhundert überhaupt nicht. Ja, es wurde früher sogar von den Päpsten selbst strikt abgelehnt. Der erste Papst, dem man die päpstliche Unfehlbarkeit zusprechen wollte, bezeichnete sie empört als »Lehre des Teufels«. Es war Papst Johannes XXII., der in seiner Bulle »Quia quorundam« (1324) diejenigen als Irrlehrer und als inspiriert vom »Vater der Lügen« bezeichnet, die behaupten: »Was die römischen Oberhirten einmal mit dem Schlüssel des Wissens in Fragen des Glaubens und der Moral definiert haben, steht so unbeweglich, daß ein Nachfolger es nicht widerrufen darf.« Ja, dieser Papst behielt sich sogar ausdrücklich und prinzipiell das Recht vor, ein Ketzer zu sein, wiewohl er im gleichen Atemzug betonte, daß er nicht gedenke, dieses Recht auch auszuüben. Übrigens war Johannes XXII. nicht der einzige Papst, der die eigene Unfehlbarkeit leugnete. Erst im 16. Jahrhundert begann die päpstliche Unfehlbarkeit an Boden zu gewinnen, und erst im 19. Jahrhundert wurde sie bekanntlich zum Dogma erhoben. Und bedenken Sie auch, Eminenz, wieviele Päpste machtversessene Opportunisten dem Staat gegenüber waren. Sie sind den römischen Kaisern, solange diese noch mächtig waren, in den Hintern gekrochen, wofür sie ja auch von ihnen reichlich mit Privilegien bedacht wurden. Kein Wunder also, daß sie zunächst und für lange Zeit nicht sich selbst, sondern dem römischen Kaiser die Unfehlbarkeit zugeschrieben haben. Im Jahre 457 erklärt Papst Leo der Große in Bezug auf den Kaiser: »Durch die Macht des Heiligen Geistes braucht er keine menschliche Unterweisung und kann sich in der Lehre nicht irren.« Jeder Katholik, der diesen Satz liest, würde ihn auf die Päpste beziehen. Die Wahrheit aber ist: Er bezieht sich auf die Unfehlbarkeit des Kaisers! Mir scheint überhaupt, daß Unfehlbarkeit eine göttliche Eigenschaft ist, die sich kein Mensch zuschreiben sollte. Vielleicht wird Gott beim letzten Gericht die Päpste an diesem Maßstab besonders scharf messen.

K.: Nun, ich bin kein Papst. Aber ich kann mir gut vorstellen, wie sich die

Päpste vor Gott und Jesus beim letzten Gericht verteidigen könnten. Sie werden in etwa zu Jesus sagen: "Du und Deine Jüngerschar: Ihr wart doch regelrechte Stümper und Versager. Ihr habt doch nicht einmal eine richtige Kirche zustande gebracht, wart vom Irrtum des nahen Gottesreiches so erfüllt, daß Ihr und Euer Werk, wenn man denn schon von einem solchen reden könnte, ohne uns Päpste längst in den Nebelschwaden der Geschichte untergegangen wärt, ohne die geringste Spur zu hinterlassen. Schaut dagegen auf jene herrlich durchorganisierte Institution, die man römisch-katholische Kirche nennt und die vornehmlich das Werk von uns Päpsten und unseren Dienern ist. Da müßt Ihr doch vor Neid erblassen! Diese perfekten Kontrollmechanismen der Rechtgläubigkeit und der Orthopraxie, der richtigen Sittlichkeit und Moral: der ganze Vatikan als die heilige Chefetage der Religion, die Kurie, ihre Ministerien, sprich: Kongregationen, die Nuntiaturen in fast allen Staaten, die Glaubenskongregation, also das früher so gut arbeitende Inquisitionsbüro oder Heilige Offizium - all das muß Euch doch zeigen, daß keine Religion so gut organisiert ist wie die christliche in Gestalt der römisch-katholischen Kirche. Und dieser Organisation verdankt Ihr, daß Ihr im Gedächtnis der Menschen überhaupt noch weiterlebt. Sonst wär' die Spur von Euren Erdentagen längst verweht! Also nicht so sehr wir Euch, Ihr schuldet uns höchste und tiefste Dankbarkeit."

J.: Sie, Eminenz, loben so überschwänglich die kirchliche Organisation, ihre Macht und Kontrollfunktion. Aber bleibt da nicht die Freiheit eines Christenmenschen auf der Strecke? Fällt sie nicht der von Euch so bewunderten und gepriesenen Kontrollfunktion des Glaubens und der Moral zum Opfer? Jetzt verstehe ich auch die sich daraus ergebende Konsequenz, nämlich daß Ihr das Zölibatsgesetz für Priester gar nicht aufheben könnt, weil Ihr ein ganzes Heer dienstbarer Eunuchen benötigt, die die von Euch errichteten Kontrollmechanismen bedienen und betätigen müssen, die die universale Kontrolle der Gläubigen auch tatsächlich ausüben. Dafür eignet sich der zölibatäre Priester ja besonders, weil er erpreßbar ist, weil er das Zölibatsgesetz nicht halten kann und deshalb gegenüber Euch, gegenüber der Kirche sich schuldig fühlt. Er muß durch besonderen Eifer für die Kirche und besonders schmiegsame Anpassung an die kirchlichen Vorgesetzten seine Verfehlungen im sexuellen Bereich kompensieren, ja überkompensieren. Er ist Euer Produkt, das Resultat jener Schizophrenie, die darin besteht, daß er sich in seinem Innern schuldig fühlen muß, obwohl er vor dem gläubigen Volk den Unschuldigen zu spielen hat. Ein Theater, eine Komödie, aber wahrhaft keine göttliche!

K.: Der Idealismus in der Auffassung von der Freiheit, den Fähigkeiten und Möglichkeiten des Menschen hat doch schon einmal zur Katastrophe geführt - damals im Jahr 30, 35 oder 37 unserer Zeitrechnung, als Jesus gekreuzigt wurde und die Jünger in alle Richtungen auseinanderliefen. Die Geschichte selbst hat also die Richtigkeit unserer Konzeption des Menschenbildes erwiesen, vor allem dies, daß der Mensch ein Zwangskorsett braucht, um nicht zügellos zu werden. Die Konzeption Jesu, will man schon von einer solchen sprechen, hat ein paar Jahre gehalten, unsere schon fast zwei Jahrtausende! Aber schließlich und endlich: Wer später lebt, hat immer recht! Und zwar deswegen, weil er die, die vorher waren, nach seinem Gutdünken interpretieren kann, ohne daß die Toten sich noch wehren könnten. Die Geschichte selbst, die wir machtvoll nach unserem Gutdünken deuten, gibt uns recht. Selbst wenn Jesus anderer Meinung sein sollte als wir, es nützt nichts mehr. Die Menschen kennen ihn fast nur noch in seiner kirchlich, d.h. von uns präparierten Gestalt, in der er uns allerdings zugegebenermaßen recht nützlich ist. Ich gebe zu: Es könnte jetzt bei Dir der Eindruck entstanden sein, daß wir Herren der Kirche das alles, was mit Jesus und seiner Umgestaltung, Erhöhung und Vergöttlichung zusammenhängt, so einfach aus uns heraus getan hätten, wenn auch nicht mit einem Mal, sondern in einem langen geschichtlichen Prozeß. Aber ich betone nochmals: Wir, wenigstens die Mehrheit von uns, glauben, daß wir auch metaphysisch zu diesem Tun berufen wurden, daß wir von der Transzendenz, von Gott selbst, dazu legitimiert sind, weil der ja ein Interesse daran haben muß, daß das Menschengeschlecht moralisch ge- und verbessert wird. Wie soll denn dies anders als auf unsere Weise geschehen? Es ist die einzige unfehlbare Methode, für die Menschheit ein übermenschliches ethisches Ideal, nämlich eben Jesus zu konstruieren, ihr dieses Ideal als unfehlbare dogmatische Wahrheit verbindlich aufzuerlegen, um sie dadurch zu versittlichen. Wenn die Menschen zweifeln, dann können Sie keinen Mut, keine Festigkeit in ihrem sittlichen Handeln haben. Deswegen muß auch unser oberster Herr auf Erden, der Papst, unfehlbar sein und seine wichtigsten moralischen Dekrete unfehlbar, irrtumsfrei verordnen. Wir, d.h. wenigstens die meisten unter uns Bischöfen und Kardinälen glauben, daß diese Unfehlbarkeit nicht bloß eine innere Notwendigkeit unseres Systems ist, sondern irgendwie auch von Gott selbst gewollt wird, der ja, wie gesagt, die Menschheit versittlichen will.

Dem Assistenten des Kardinals gefiel dessen Argumentation ganz und gar nicht. Zwar verstand er durchaus, was dieser meinte, zwar billigte er dem Kardinal auch zu, daß der subjektiv überzeugt war, einer guten Sache zu dienen und ihr zum Sieg verhelfen zu wollen. Aber die Sache selbst roch ihm, objektiv betrachtet, zu sehr nach dem Prinzip: »Der gute Zweck heiligt alle Mittel«. Der junge Priester hatte eben noch eine ganz andere Auffassung von der Wahrheit. In seinem Theologiestudium hatte er Wahrheit als »adaequatio intellectus et rei«, als Übereinstimmung des Verstandes mit der vorgegebenen, vom Menschen nicht konstruierten und nicht herzustellenden Wirklichkeit definiert bekommen und diese Definition von Wahrheit hatte er auch auf die geschichtliche Wirklichkeit übertragen. Das heißt, er war überzeugt, daß Geschichtsforschung, auch die Erforschung der Anfänge des Christentums, legitimerweise einzig und allein darin zu bestehen habe, zu erkennen, zu entdecken, wie es wirklich gewesen war, keineswegs aber darin, diese Anfänge so darzustellen, so zu konstruieren, so zu verfälschen, daß sie dem Image, den gegenwärtigen Zielen und Absichten der Kirche und ihrer Führer dienen und nützlich sein konnten, auch wenn dadurch evtl. die Moral der Masse gehoben werden sollte. Nein, dieser pragmatische Wahrheitsbegriff seines Kardinals und offenbar doch auch zahlreicher anderer Kirchenfürsten verstieß nicht nur gegen das, was der junge Mann in seinem Studium gelernt hatte, sondern auch gegen sein ganz elementares, ganz natürliches und spontanes Wahrheitsempfinden, gegen seine Wahrhaftigkeit und Ehrlichkeit. Und er war überzeugt, daß auch die einfachen Leute, das Kirchenvolk in seiner ganz überwiegenden Mehrheit so dachten.

Der junge Mann hatte aber auch im Lauf des Gesprächs längst erkannt, daß es völlig unmöglich sein mußte, den alten Herrn von dessen Vision der Wahrheit abzubringen. Das wäre vergebliche Liebesmüh gewesen. Der ganze Lebenssinn des Kardinals war ja mit dieser Wahrheitsauffassung verknüpft. Er war überzeugt, den Menschen zu dienen, wenn er die Wahrheit so herrichtete, so konstruierte, daß sie Jesus und die Kirche größer erscheinen ließ, als diese es tatsächlich waren. So verbogen und verkrümmt war das Denken dieses Kirchenfürsten im Laufe seines Lebens geworden, daß es an den Tatsachen gar nicht mehr interessiert war, diese Tatsachen ihm höchstens noch als Rohmaterial dienten, an dem er so lange herummanipulieren konnte, bis sie die Form, die Gestalt angenommen hatten, die ihm im Interesse der Kirche und deren Moral nützlich erschien.

Aber obwohl dem jungen Priester eine weitere Diskussion eigentlich zwecklos erschien und er auch bereits ahnte, was der Kardinal in etwa antworten würde, fragte er ihn, mutiger geworden, dennoch nach dem Sinn des Zölibats, der Ehelosigkeit der römisch-katholischen Priester, wobei er, um von sich und seinen eigenen diesbezüglichen Problemen abzulenken, darauf verwies, daß doch so viele Priester ihr Amt aufgeben, weil sie das Zölibatsgesetz der Kirche nicht einzuhalten vermögen.

Im Folgenden also die Antwort des Kardinals und die Fortsetzung des Gesprächs zwischen ihm und seinem Assistenten:

K.: Das Zölibatsgesetz der Kirche ist doch im Rahmen der hier von uns diskutierten Problematik eine fast ganz unwichtige Randerscheinung, beinahe eine Bagatelle. Die Kirche hat doch gerade heute ganz andere, viel gravierendere Probleme.

J.: Nun immerhin, es handelt sich doch um Hundertausende von Priestern, die zu diesem Gesetz verpflichtet werden und es meistenteils als schwere Last empfinden.

K.: Mein lieber junger Freund, Du hast offenbar den eigentlichen Sinn, die eigentliche Stoßrichtung meiner Argumentation immer noch nicht verstanden. Du mußt doch immer zwischen dem subjektiven Empfinden der einzelnen Individuen in der Kirche und der übergeordneten Sicht der hierarchischen Kirche selbst unterscheiden. Subjektiv mag es für viele Priester sehr schwer sein, das Zölibatsgesetz einzuhalten. Objektiv, d.h. aus der übergeordneten Sicht der Amtskirche, ist der Zölibat überhaupt kein Problem. Der Priester, der dieses Gesetz übertritt, soll zur Beichte gehen und damit hat sich sein Problem doch erledigt. Und wenn er wieder sündigt, soll er eben wieder zur Beichte gehen. Das vertieft einerseits sein Schuldbewußtsein und andererseits vergrößert es seine Dankbarkeit gegenüber der gütigen Mutter Kirche, die ihm unaufhörlich vergibt. Das ist also überhaupt kein Problem. Aber die übergeordnete Sicht der Kirche verlangt, daß das Zölibatsgesetz aufrechterhalten wird, unter anderem deswegen, weil wir uns verheiratete Priester mit allen aus der Ehe sich ergebenden Komplikationen, auch den damit gegebenen finanziellen Belastungen, einfach nicht aufhalsen wollen. Außerdem ist es für die Moral des Kirchenvolks wichtig, zu glauben, daß der Seelsorger ganz ungeteilt, einzig und allein für es da ist.

J.: Aber ist das nicht gerade Doppelmoral und Heuchelei? Den Gläubigen wird vorgegaukelt, daß der Priester ein engelgleiches, nur für seine Gemeinde sorgendes Wesen ist, während doch die Verantwortlichen in der Kirche insgeheim ganz genau wissen, daß ein großer Prozentsatz von Priestern sexuelle Kontakte zu Frauen unterhält, Kontakte, die diese Priester gar nicht in die andererseits von der Kirche doch wärmstens befürwortete und vermeintlich vergeistigende eheliche Gemeinschaft umwandeln können, weil ihnen die Heirat verboten wird.

K.: Mit Doppelmoral und Heuchelei hat das nichts zu tun, auch wenn es, oberflächlich betrachtet, danach aussehen mag. Denkst Du, die Kirche kennt nicht die menschliche Natur? Sie kennt sie besser als jeder andere. Für diese menschliche Natur kann die Kirche nichts. Sie findet sie vor, und sie muß, so wie diese Natur in ihrer ganzen Erbärmlichkeit und Schwachheit nun einmal ist, mit ihr recht und schlecht umgehen. Wenn hier einen eine Schuld trifft, auf den dann also auch der Vorwurf der Heuchelei letztlich zurückschlüge, dann wäre das Gott selbst, der aus irgendeinem, für uns nicht einsichtigen Grund auf den keineswegs idealen Einfall kam, den Menschen nicht als Menschen, nicht einfach als Mann, sondern als zweigeschlechtliches Wesen zu erschaffen, so daß der Mensch uns stets als Mann oder als Frau entgegentritt. Daraus resultieren doch so überaus viele Komplikationen und Leiden zwischen den bzw. der Menschen. Aber ich will mir keineswegs erlauben, hier blasphemisch zu sein und dem Schöpfer deswegen Vorwürfe zu machen. Nur ist festzuhalten, daß wir uns mit dieser gottgewollten Mann-Frau-Struktur des Menschen abzufinden und sie als Amtskirche in die entsprechenden Kanäle zu leiten haben. Dem Priester haben wir daher im Rahmen dieser Struktur die Funktion zugewiesen, diese ganze Schweinerei von Mann- und Frau-Kontakten zu veredeln, zu vergeistigen. Das heißt: Der Priester, ob er nun persönlich mit einer Frau sündigt oder nicht, soll in der Öffentlichkeit als leuchtendes Symbol dastehen für die Möglichkeit des Sieges über das Fleisch, des Triumphes über die geile Körperlust. Wenn damit Heuchelei verbunden ist, nun denn, dann ist sie eine unangenehme, aber leider notwendige Begleiterscheinung einer in sich guten Sache. Wir verbessern sozusagen Gottes Schöpfung!

J.: Ist das denn nicht aber die größte Blasphemie, die schlimmste Gotteslästerung, zu behaupten, man könne Gottes Schöpfung verbessern? Lehrt die Kirche nicht unentwegt und unfehlbar, daß Gott die unendliche, unüberbietbare Vollkommenheit ist und eine ursprünglich überaus gute Schöpfung ins Leben gerufen hat, die die Menschen nur verschlechtern, nicht aber verbessern können? Es kann ja meines Erachtens auch gar nicht anders sein. Wenn Gott, wie unsere Kirche lehrt, der unendlich Gute und Vollkommene ist, dann kann er nur Gutes und Vollkommenes in die Welt setzen.

K.: Das klingt zwar sehr gut und überzeugend, mein junger Freund. Aber Du übersiehst hier schon wieder die unabdingbare, unentbehrliche Funktion der Amtskirche. Das, was Du gerade eben so vortrefflich über Gott, seine Vollkommenheit und die Vollkommenheit seiner Schöpfung gesagt hast, das ist nur deshalb so, weil das die Kirche so perfekt zurechtgezimmert und zum Dogma erhoben hat. Gott mag ja tatsächlich in sich unendlich vollkommen sein, aber offenbart, geäußert gegenüber der Welt und den Menschen hat er sich doch immer nur sehr unvollkommen, um nicht zu sagen stümperhaft. Schau Dir doch das eigentliche Buch seiner Offenbarungen, die Bibel, an. Wie erscheinen Er und sein Wort in diesem Buch? Alles andere als eindeutig, klar, geradlinig und vollkommen! Er gebärdet sich launisch, stimmungsabhängig, wutschnaubend, ungerecht, mitunter grausam, gebietet die Vernichtung ganzer Völker mitsamt Frauen und Kindern, läßt fast die ganze Menschheit in der Sintflut untergehen, erbarmt sich, wessen er sich erbarmen will und vernichtet, wen er vernichten will, und zwar ohne jede Rücksicht auf die guten oder bösen Taten des Betreffenden, weil Er das als Schwächung und Antastung seiner von nichts abhängigen Souveränität und Allmacht ansieht.

Merkst Du, mein Sohn, warum es also der Kirche so notwendig bedarf? Päpste, Bischöfe und unsere Hoftheologen haben aus diesem Chaos widersprüchlicher Aussagen der Bibel ein wunderbares, einheitliches, widerspruchsloses System der Offenbarung eines unüberbietbar - auch ethisch - vollkommenen und nunmehr eindeutig zur Menschheit sprechenden Gottes gemacht.

Erst eigentlich durch uns Kirchenfürsten wird Gott das, was er sein soll: Der unendlich Vollkommene und als solcher die höchste Autorität und moralische Instanz, die zu uns gesprochen und genau gesagt hat, was Er will und was die Menschen zu befolgen haben.

J.: Seien Sie mir bitte nicht böse, Eminenz, aber mir drängen sich dabei doch ein paar ganz schwerwiegende Fragen auf: Setzt sich die Amtskirche auf diese Weise nicht über Gott, nicht höher als Gott? Woher weiß sie denn, daß Gott sie zu dieser Art Verbesserung des Gottesbildes und der biblischen Aussagen über ihn ermächtigt hat? Glauben Sie, Eminenz, überhaupt an die Existenz Gottes? Denn mir kommt es doch fast so vor, als ob Gott in der von Ihnen vorgetragenen Konzeption ein ziemlich hilfloses, passives X ist, mit dem die Kirche nach Belieben verfährt, aus dem sie macht, was ihr nützlich erscheint.

K.: Mein lieber Sohn, ich bin alt und stehe an der Schwelle des Grabes. Noch vor nicht allzulanger Zeit hätte ich bereits in diesen Fragen das Wirken des Dein Gehirn vernebelnden und verbosenden Teufels gesehen und Dir erbarmungslos jeden Aufstieg auf der kirchlichen Karriereleiter verbaut. Aber ich kenne Dich ja und weiß, daß Du nicht aus Bosheit derartige Fragen stellst. Also zu Deiner letzten Frage, ob ich an Gott glaube. Siehst Du, letztendlich spielt das gar keine Rolle. Denn ob er ist oder nicht ist - er schweigt, und die Arbeit müssen wir so oder so selber machen. Sie fällt uns so oder so zu. Also fühlen wir uns ermächtigt, das grandios-imposante Gebäude der Lehre von einem unendlich vollkommenen Gott und seiner autoritativ-souveränen sittlichen Gesetzgebung aufzurichten. Wenn Du fragst, ob sich die Amtskirche auf diese Weise nicht über Gott, nicht höher als Gott selbst setze, muß ich demgemäß antworten:

Sei's drum. Wenn Gott nicht existiert, kann er durch unser vermeintliches Sich-höher-Setzen gar nicht beleidigt werden. Wenn Er aber existiert, dann scheint Er nichts dagegen zu haben, jedenfalls tut er nichts dagegen. Also dürfen wir Herren der Kirche annehmen, daß er es billigt, weil wir es ja um der sittlichen Veredelung der Menschheit willen tun. Natürlich können wir dem Volk nicht sagen, daß wir keinen direkten, ausdrücklichen Auftrag von Gott für unsere Art von Vorgehen erhalten haben, ja daß wir nicht einmal wissen, ob Er existiert. Denn auf diese Weise entzögen wir ja unseren ganzen moralischen Bestrebungen die Basis. Du siehst aber, es ist alles sehr logisch und konsequent in unserer Sicht der letzten Dinge, die für die Menschheit so wichtig sind. Angesichts der Unerkennbarkeit Gottes, der Unmöglichkeit, definitiv zu entscheiden, ob er nun existiert oder nicht existiert, ist unsere Konzeption einer Moral für die gesamte Menschheit unter der Regie der Kirche das Beste und Konsequenteste, was in diesem Falle überhaupt geschehen kann. Sollte man diese Konzeption als Betrug ansehen, ist es jedenfalls ein Betrug zum Wohle aller Menschen. Aber ich glaube ziemlich fest daran, daß es kein Betrug ist, sondern Unser Tun, das Tun der kirchlichen Hierarchie, unsichtbar vom Plan der göttlichen Vorsehung geleitet wird, um die Menschheit zum Besseren hinzuführen. Von außen betrachtet, ist es nur Unser Tun, insgeheim aber leitet uns ein Heiliger Geist!

J.: Eminenz, ich sehe ja, daß Sie die Strategie der Kirche, die Sie hier so überzeugend dargelegt haben, geradezu mit heiligem Stolz erfüllt. Aber ich fürchte, daß man Ihre Sicht der Dinge weder dem Kirchenvolk noch dem niederen Klerus, den Pfarrern und Kaplänen, wird vermitteln können. Der ist doch im Theologiestudium belehrt worden, daß die Kirche, das kirchliche Lehramt nur Dienerin und Hüterin der

Wahrheit, der durch den wirklich existierenden Gott ergangenen Offenbarung ist, daß es also die vorgegebene Wahrheit nur demütig empfängt, aber nicht konstruiert und herstellt. Das Konzept aber, das Sie hier - zugegeben, sehr logisch und scharfsinnig - vorgetragen haben, scheint mir doch eher einer »Als-ob-Theologie« zu gleichen. Das heißt: Es wird vor den Menschen, vor dem niederen Klerus lediglich so getan, als ob Gott existierte, als ob Er einen Sohn hätte, der Mensch geworden sei, und das alles wird nur deshalb so verkündet, um die Basis für die Herrschaft der Kirche und ihre Gesetzgebung zu legen, der sich alle in absolutem Gehorsam zu unterwerfen haben, weil das ja vermeintlich von Gott so gewollt und befohlen worden sei. Man braucht diesen Gott als absolute höchste Instanz, um absoluten Gehorsam einfordern zu können. Also behauptet man flugs als Dogma die Existenz dieses Gottes. Aber nur der höhere Klerus weiß insgeheim, daß es diesen Gott gar nicht gibt bzw. daß keinerlei Beweise für seine Existenz angebbar sind.

K.: Nun, mein Sohn, die Wahrheit ist eben ein langwieriger Prozeß. Man kann auch kleinen Kindern nicht gleich all das sagen, was sie erst im Laufe eines lebenslangen Lernprozesses erfahren sollen. Höchste Wahrheiten und Klarheiten sind sodann auch in anderen, nichtreligiösen Bereichen, im politischen, ökonomischen, militärischen, im Bankwesen usw. nur ganz kleinen Eliten vorbehalten. Diese Eliten sind auch zur Geheimhaltung ihres Wissens verpflichtet. Es gibt eben Stufen der Wahrheit, eine Hierarchie der Wahrheiten, nicht bloß der Ämter, und das nicht nur in der Kirche. Die Wahrheit ist nichts Demokratisches, dem ganzen Volk Zugängliches. Selbst die modernen westlichen Demokratien machen da keine Ausnahmen. Sie tabuisieren sehr viele Dinge und halten es nicht für opportun, dem Volk reinen Wein einzuschenken. Die Kirche ist da sogar wahrhaftiger, weil sie von vornherein betont, keine Demokratie, sondern eine von Gott gestiftete Theo- und Papokratie zu sein.

Es ist aber auch gar nicht ausgemacht, daß die zum niederen Klerus Gehörigen immer von der höheren Wahrheit ausgesperrt bleiben. Wenn ein Pfarrer oder Kaplan sich hochdient, seine absolute Linientreue immer wieder unter Beweis stellt, steht ihm doch nichts im Wege, immer höhere Stufen der kirchlichen Karriereleiter zu erklimmen. Dann bekommt er ja auch als Bischof, Erzbischof oder Kardinal Zugang zu Unserem, ihm bisher verschlossen gebliebenen Warheitskonzept. Dann kann er auch richtig mit dieser zunächst ungewohnten höheren Wahrheit umgehen, kann sie richtig bewerten, einordnen, einstufen. Wenn er allerdings dennoch bei der niederen Wahrheitsstufe trotz seines jetzt höheren Ranges bleiben, partout die Richtigkeit unserer höheren Wahrheit und Wahrheitsstrategie nicht einsehen will, dann verfügen wir über ausreichend viele Methoden, um ihn unschädlich zu machen. Und Du siehst doch, es klappt im allgemeinen vorzüglich. Noch nie hat ein abgesetzer oder sich in den Ruhestand zurückziehender Bischof bzw. Kardinal Unser Wahrheitskonzept verraten. Einige haben es im Lauf der Kirchengeschichte zwar versucht, aber die haben wir ganz schnell in der Öffentlichkeit als Menschen diskreditiert, die aus Ressentiment, aus Beleidigtheit und Enttäuschung über ihren Karriereknick Dinge behaupten, die die heilige Mutter Kirche nie tun oder lehren würde. Wir sind stolz darauf, vor der Öffentlichkeit viel glaubwürdiger dazustehen als alle Ketzer, Sektierer und Dissidenten zusammen genommen, als alle jene, die Differenzen mit der Kirche haben.

An dieser Stelle endet im Grunde das Gespräch zwischen dem Kardinal und seinem Assistenten. Denn in dessen Gehirnkasten hatten die Alarmglocken unüberhörbar geläutet, als der Kardinal vom Unschädlichmachen der Gegner seiner höheren Wahrheit gesprochen hatte. Da wurde es dem jungen Priester endgültig klar, daß auch die Altersweisheit dieses Kirchenfürsten ihn nicht daran hindern würde, gegen seinen Assistenten vorzugehen, wenn dieser sich weiterhin gegen die "höhere" Wahrheit sperren sollte. Obwohl der junge Mann von der Tugend der Wahrhaftigkeit und Ehrlichkeit an sich sehr viel hielt, hatte er es doch mit der Angst zu tun bekommen. Deshalb beendete er das Gespräch mit dem jetzt auch müde und erschöpft wirkenden Kardinal mit einer Lüge, mit der Bemerkung nämlich, daß er dessen kirchliches Wahrheits- und Strategiekonzept sehr plausibel und überzeugend, ja als das einzig Richtige empfinde. Der Kardinal nahm es als bare Münze, weil er sich immer schon für einen Meister in der Kunst der Darstellung und Suggerierung schwieriger Sachverhalte gehalten hatte. Er prophezeite seinem Kaplan sogar eine große Kirchenkarriere in der Zukunft, da er doch nun diese erste schwere Hürde genommen habe und somit sozusagen zum inneren Kreis der Elitären in der Amtskirche gehöre, obwohl er doch noch gar kein Kirchenfürst sei. Aber das werde noch kommen, er, der Kardinal, werde ihn weiterempfehlen.

In Wirklichkeit war in dem jungen Priester eine ganze (Glaubens-)Welt zusammengebrochen, und er mußte seine ganze Kraft aufbieten, um sich vor dem Kardinal so zu verstellen, daß der nicht erriet, was in ihm vorging. Er hatte den Eindruck, daß alle Ideale, die er bisher so hochgehalten hatte, durch die Rede des Kardinals beschmutzt und erniedrigt worden seien. Seine ganze geistige Grundhaltung war wie weggeschwemmt. Sogar die junge Nonne, seine Geliebte, mit der er sich ein paar Stunden nach dem Gespräch mit dem Kardinal wieder heimlich traf, bekam das beim Beischlaf zu spüren. "So fleischlich, so total körperlich und unpersönlich hast Du mir aber noch nie beigewohnt", äußerte sie vorwurfsvoll. "Heute hast Du mich wirklich nur zum Abreagieren gebraucht. Was ist Dir denn über die Leber gelaufen?" Eine Weile überlegte der Priester, ob er sie in sein Geheimnis einweihen sollte, dann legte er los und schilderte ihr rückhaltlos das Gespräch mit dem Kardinal.

Die kleine Nonne, in die unser Priester so verliebt war, war noch viel naiver und gutgläubiger als er. Sie hatte ja kein Theologiestudium wie er absolviert, ihr Glaube bewegte sich auf Katechismusniveau. "Also ich halte es für ganz unmöglich, daß alle Kirchenfürsten so denken wie unser Kardinal", erklärte sie entschieden, nachdem der Priester seine Schilderung beendet hatte. "Vielleicht", gab sie zu bedenken, "ist ja dieser Kardinal gar nicht so weise und gut, wie er uns bisher erschienen ist. Vielleicht ist er verbittert, enttäuscht über so Manches, das in seinem Leben schiefgelaufen ist. Z.B. über die Intrigen seiner Amtsbrüder, die ihm damals, als er einer der aussichtsreichsten Papstkandidaten war, so viele Steine in den Weg legten, daß er von sich aus, noch vor dem Eintritt in das Konklave, vor der Presse erklärte, er stehe auf keinen Fall für das höchste Amt in der Kirche zur Verfügung. So etwas wirkt sich doch auch auf die Lebensanschauungen eines Menschen aus."

"Du hast recht", urteilte jetzt auch der junge Priester, "es wäre ungerecht, aus einem einzigen Gespräch mit einem einzigen Kardinal zu weitreichende Schlüsse zu ziehen. Momentan ist zwar glaubensmäßig alles in mir wie erstorben, aber für ein endgültiges Urteil über diese ganze Geschichte ist es zu früh. Ich werde erst noch bei anderen Kirchenfürsten herumhorchen, wie sie die Sache sehen." Dazu sollte er sehr bald Gelegenheit bekommen, denn der Kardinal, dem er bisher zugeteilt war und mit dem er jenes tiefschürfende Gespräch geführt hatte, starb ein paar Wochen später, hatte aber Wort gehalten und seinen Assistenten einigen Kurienkardinälen wärmstens für eine Kirchenkarriere empfohlen.

So wurde Jakob nacheinander Mitarbeiter, Sekretär, Referent etc. in diversen Vatikanischen Sekretariaten, Kommissionen, Kongregationen und lernte auf diese Weise die Macht- und Herrschaftsmechanismen in der römischen Weltzentrale des Katholizismus immer intimer kennen. Er kam mit vielen hohen kirchlichen Würdenträgern in und außerhalb der Kurie in Kontakt und mußte immer wieder feststellen, daß die meisten von ihnen pure Machtmenschen und Ehrgeizlinge waren, die nur an ihren eigenen Aufstieg auf den Stufenleitern der kirchlichen Hierarchie dachten, dabei jedoch klugerweise ständig das Wohl der Mutter Kirche im Munde führten. Zwar kam es mit diesen Herren nie mehr zu einem so langen und aufschlußreichen Gespräch wie mit dem inzwischen verstorbenen Kardinal, zwar erläuterte unserem Priester keiner von ihnen so offen und entlarvend die Wahrheitsstrategie der Kirche, in der Gott und sein Christus nur als illusionäre metaphysische Stützen für die Stabilisierung des Papsttums und der Hierarchie herhalten müssen. Aber Jakob erkannte doch stets von neuem, daß im Leben, in der tagtäglichen Praxis dieser Herren Gott nicht die geringste existentielle Rolle spielte, daß sie zwar mehr oder weniger intensiv für die Interessen der Kirche eintraten, weil dies auch ihren eigenen Karriereinteressen entsprach, daß sie jedoch in Bezug auf das Gottesproblem gleichgültige Agnostiker oder praktische Atheisten waren.

Jakob konnte zuhören, konnte schweigen, war diskret, und er hatte gelernt, stets die Form zu wahren und keine Gefühle, zumindest keine überschwänglichen, zu zeigen. So erschien er seinen Gönnern und Förderern in der Römischen Kurie für die Übernahme höherer Funktionen bestens geeignet. Aber seinen unbedingten Gehorsam wollte man vorher doch noch testen. So schickte man ihn mit verschiedenen schwierigen, teilweise ihm auch sinnlos erscheinenden Missionen in Entwicklungsländer, nach Afrika, Südamerika usw. Jakob nahm alle diese Aufträge bereitwillig an, nicht weil er Karriere machen wollte, sondern weil er den in ihm immer stärker reifenden Entschluß, der Kirche den Rücken zu kehren, auf eine möglichst breite Basis eigener Informiertheit zu stellen gedachte. Er galt als äußerst vertrauenswürdig, und so erhielt er Zugang zu vielen Generalvikariaten und erzbischöflichen Palästen dieser Länder. Was er dabei an engsten Kontakten hoher kirchlicher Würdenträger mit Diktaturen, Militärjuntas, Mafia-Bossen, Spionagediensten, Drogenschmugglern etc. entdeckte, demonstrierte ihm unwiderlegbar, daß Gott, egal, ob die Herren der Kirche nun an ihn glauben oder nicht glauben, keinen von ihnen daran hindert, die dunkelsten und dreckigsten Geschäfte dieser Welt zu machen. Gott als höchste Instanz und stärkste Stütze der Moral - das verkünden sie zwar großspurig, sagte sich Jakob, aber ihre ganze Praxis beweist, daß sie selber daran nicht im mindesten glauben.

Derart empört war Jakob über all das, daß er umfangreiche Dossiers anfertigte, in denen er minutiös beschrieb und belegte, was er entdeckt und aufgedeckt hatte. Sein Enthüllungsmaterial versandte er an einige prominente Kirchenkritiker, versehen mit dem Zusatz, daß sie sich auf noch brisanteres Material gefaßt machen sollen. Dazu kam es aber nicht mehr. Im Schnellzug Genf-Paris fand man ihn tot auf. Die näheren Umstände seines plötzlichen Todes wurden nie geklärt. Seine Geliebte, die junge Nonne, von der oben die Rede war, sagte mir unter Tränen und in grenzenloser Verzweiflung: "Sie haben ihn umgebracht. Er wußte zuviel!"

Achtes Kapitel

Priester-Erotik und Mißbrauch der Beichte

Zwar steht der Priester heute bei weitem nicht mehr so erhaben und unantastbar vor und über den Gläubigen wie in früheren Zeiten. Trotzdem sind nicht wenige Katholiken noch immer bereit, dem Priester von vornherein, ohne nähere Prüfung, weit mehr Vertrauen entgegenzubringen als irgendeinem anderen Mann. Gerade die Beichte - die ja in der katholischen Kirche im Unterschied von der evangelischen ein Sakrament, also eine heilige Sache oder Handlung ist, eben das Heilige Bußsakrament - ist der Ort bzw. die Situation, in der zwei Menschen, der Priester und sein Pönitent, sich sehr nahekommen können, physisch wie psychisch. Es bedeutet zunächst für die meisten Menschen eine Überwindung, sich einem Anderen, relativ Fremden zu nähern und ihm seine intimsten Schwächen und Vergehen zu beichten. Wer diese Überwindung zuwegebringt, beweist damit, daß er zu diesem Anderen eine gehörige Portion Vertrauen hat. Genau dieses Vertrauen ist dann aber auch die Basis für manchen Beichtvater, um es zu mißbrauchen. Im Folgenden also einige Episoden über die Art und Weise, wie Frauen aufgrund ihres Vertrauens zum Beichtvater enttäuscht wurden.

Episode Nr. 1: Aus dem Brief einer frommen Katholikin an mich: "Der Pfarrer sagte: 'Ich gebe Ihnen den Segen!' Ich faltete die Hände und senkte den Kopf. Eine Zeitlang geschah nichts. Da hob ich die Augen und merkte, wie der Pfarrer mit einem Arm um das Beichtgitter herumgriff, meine linke Hand nahm und sie zu seinem Unterleib hinzog. Ich stand spontan auf und lief weg."

Episode Nr. 2: Eine Katholikin aus einem Dorf in der Nähe von Würzburg berichtete mir: "Ich ging zur Beichte, der Priester benahm sich aber sehr sonderbar im Beichtstuhl. Er schien mir erregt, ja verwirrt. Was er mir zu meinen Sünden sagte, war nicht sehr logisch. Plötzlich sagte er mir, er wäre dafür, daß wir unser Gespräch in der Sakristei fortsetzten. Ich folgte ihm also in die Sakristei, nicht wissend, was ich von der Situation halten sollte. Dort setzte er sich auf einen Stuhl, befahl mir, niederzuknieen, und nahm meine rechte Hand. Er hielt sie ganz fest in seiner Hand, sagte dabei aber gar nichts. Mir kam alles so sonderbar vor. Plötzlich zuckte sein Körper ein paar Male hin und her. Da ließ er meine Hand los, setzte sich aufrecht hin und sagte zu mir: 'Das war jetzt gut. Du kannst jetzt gehen!' Ich ging sofort hinaus."

Episode Nr. 3: Eine Katholikin aus Deutschland, die in Österreich Urlaub machte, schilderte mir ihr "Ferienabenteuer". Sie sei in einem Wallfahrtsort zur Beichte gegangen. Weit von ihrem Heimatort entfernt, habe sie keinerlei Hemmungen gehabt, dem dortigen Pfarrer im Beichtstuhl rückhaltlos ihre seelische Situation zu eröffnen. Der habe sie "so wahnsinnig nett getröstet" und zu einem weiteren Gespräch in sein Pfarrhaus eingeladen. Dort habe er ihr dann auch sein Herz ausgeschüttet, seine Zerrissenheit und seinen Kampf um die Bewahrung der priesterlichen Reinheit geschildert und beteuert, daß er in ihr "eine total verwandte Seele entdeckt" habe. Sie habe sich "auf Anhieb in ihn verliebt". Es folgten "herrlich, einmalig verliebte und verlebte Wochen" des Zusammenseins mit dem Priester, von dem sie überzeugt war, daß er sie ebenso liebte wie sie ihn. Es sei "alles einmalig" schön gewesen, so daß sie ein Jahr später wieder ihren Urlaub in diesem Wallfahrtsort in Österreich verbrachte. Und zwar habe sie ihn sogar auf vier Monate ausgedehnt. Aber dieser zweite Urlaub mit dem Priester sei "wenigstens in der letzten Hälfte" nicht mehr das gewesen, "was der erste war". Sie habe "mit wachsender Bitterkeit" bemerkt, daß er dieselben Annäherungszeremonien mit anderen Frauen betrieb, "die er sich aus dem

Beichtstuhl in sein Bett holt". Auch habe sie erfahren, daß eine Geschiedene bei ihm als Haushälterin arbeite und ebenfalls ein Verhältnis mit dem Pfarrer habe. "Sie leben nachweisbar wie in wilder Ehe". Aber offenbar sei die Haushälterin damit einverstanden, "daß er sich von Zeit zu Zeit Abwechslung verschafft". Am Ende, so die Enttäuschte und Gedemütigte, sei sie "mit Kränkungen und Verleumdungen" sowohl seitens des Pfarrers wie seiner Haushälterin "verabschiedet worden". Sie habe die Sache nicht so einfach abhaken wollen und habe sich wegen dieses Pfarrers an das zuständige Bischöfliche Ordinariat gewandt, das jedoch nichts unternommen habe.

Als erstaunlich darf man die "Karriere" des Pfarrers dieses Wallfahrtsortes schon bezeichnen. Zunächst einmal lebte er als Ordensmann in einem Kloster, war also in besonderer Weise zu den speziellen Gelübden der Keuschheit, Armut und des Gehorsams verpflichtet. Das fiel ihm dann offenbar zu schwer, also trat er aus dem Orden aus und wurde Weltpriester. Er bekam zuerst eine kleine Pfarrei zugeordnet, da er sich aber dort "bewährte", wurde er dann Pfarrer in dem reichen und gut frequentierten Wallfahrtsort, wo er reichlich Gelegenheit hatte, auswärtige Frauen auf dem Weg über die Beichte ins Bett zu bekommen.

Mir liegt eine ganze Reihe weiterer ähnlicher Berichte vor, in denen mir Katholikinnen mitteilen, daß ihnen im Beichtstuhl der Antrag gemacht worden sei, sich mit dem die Beichte abnehmenden Priester zu treffen. Meist wurde die Nützlichkeit oder Notwendigkeit solcher Treffs seelsorgerlich motiviert, aber manchmal erklärte der Beichtvater auch gleich ganz offen und unverschlüsselt, daß er nun lange genug letztlich vergeblich gekämpft habe. Er halte es einfach nicht mehr aus ohne eine gute Frau, ihre Küsse, ihre Umarmungen, ihre körperliche Wärme, und er halte sein momentanes "Beichtkind" für geeignet, ihm seine Wünsche zu erfüllen. Manche dieser

"Beichtkinder", die doch mit der Beichte ihrer Sünden zu einem Mann der Kirche und Gottesmann wollten, waren geradezu geschockt über die Art, wie manche dieser Priester vor ihnen maßlos über die Kirche schimpften, die ihnen ein so frustrierendes Gesetz wie den Zölibat auferlegt habe.

Man kann die Amtskirche aber nicht unmittelbar für diese Dinge verantwortlich machen. Stellte doch die Kirche das Vergehen der sogenannten Sollizitation in der Vergangenheit unter schwere Strafen. Der Priester, der bei der Beichte Sollizitation begeht, d.h. die oder den Beichtenden in Verbindung mit der Beichte zu einer schweren Sünde gegen die Keuschheit verleiten will oder mit ihr/ihm unerlaubte und unkeusche Reden führt und Abmachungen trifft, wurde laut Kanon 2368, § 1, des alten Kirchenrechts aus dem Jahr 1917 von der Meßzelebration und von der Ausübung der Funktion des Beichtvaters suspendiert, ihm wurden alle Benefizien und Titel (dignitates) genommen, und in schwereren Fällen wurde er degradiert, d.h. laisiert. Voraussetzung dafür war freilich, daß das Vergehen herauskam. Aber auch da hatte die Kirche vorgebaut. Sie verpflichtete nämlich im Kanon 904 ihres Rechtskodex (Codex Iuris Canonici von 1917) das Beichtkind unter schwerer Sünde, den Priester, der bei der Beichte Sollizitation begangen hat, innerhalb eines Monats beim Ortsordinarius oder in Rom bei der Kongregation des Heiligen Offiziums (heute: Kongregation für die Glaubenslehre) anzuzeigen. Nach Kanon 2368, § 2, war auf Unterlassung der Denunziation durch den Pönitenten die Strafe der Exkommunikation gesetzt. Diese Strafe konnte zwar von jedem anderen Beichtvater aufgehoben werden, aber nur, nachdem das Beichtkind die Anzeige erstattet oder dieselbe wenigstens aufrichtig versprochen hatte. Die Amtskirche sah sich aufgrund jahrhundertelangen Mißbrauchs des Beichtstuhls zu Sollizitationszwecken genötigt, so harte Strafen zu verordnen. Sie konnte es sich ja nicht leisten, wegen dieses mannigfachen und mannigfaltigen Mißbrauchs etwa auch die Beichte als solche abzuschaffen, weil diese eine der wesentlichen

Formen ist, durch die die Kirche Schuldbewußtsein stiftet und ihre Herrschaft über das Volk ausübt. Da verhängte sie schon lieber schwere Kirchenstrafen, die allerdings ihrerseits wiederum die weitgehende Existenz des Tatbestands, der durch sie geahndet werden sollte, beweisen. Wenn im meistgekauften und -gebrauchten deutschsprachigen Taschenbuch der katholischen Moraltheologie von Heribert Jone derart viele Möglichkeiten der Sollizitation in der Beichte angeführt und als Sünde erklärt werden, dann ist das selbstredend zugleich ein Hinweis darauf, daß all dies in der Beichtpraxis auch schon vorgekommen ist, weiterhin vorkommt und aktuell ist. Da wird erläutert: "Sollizitieren kann man durch Worte, Zeichen, Winke, Berührungen, durch Übergabe von etwas Geschriebenem, das jetzt oder später gelesen werden soll. - Unkeusche Reden und Abmachungen sind schon insofern eine Sollizitation, als der Priester dadurch seiner bösen Lust frönen will. - Sollizitation ist nicht nur dann vorhanden, wenn der Beichtvater das Beichtkind ausdrücklich zu einer Sünde gegen das sechste Gebot veranlaßt, sondern auch, wenn sein ganzes Betragen oder seine Redeweise so beschaffen sind, daß sie ihrer ganzen Natur nach das Beichtkind zu Sünden gegen das sechste Gebot veranlassen oder es darin bestärken ... Bei derartigen Sachen ist es oft schwer, Gewißheit darüber zu erlangen, ob schon im Beichtstuhl schwer sündhafte Absicht vorhanden war oder nicht, z. B. wenn der Beichtvater sich nach der Wohnung einer Person erkundigte oder sie auf sein Zimmer bestellte ... Anzeigepflicht besteht" des weiteren, "wenn z.B. der Beichtvater eine Kranke besucht und ihr sagt, er wolle sie beichthören, in Wirklichkeit sie aber solliziert ... Eine Entschuldigung von der Anzeigepflicht ... bildet ... der Umstand, daß der Priester sehr nahe blutsverwandt oder aufs innigste befreundet ist". In einem anderen Lehrbuch der Moraltheologie heißt es: "Wenn der Priester sagt: 'Ich würde dich heiraten, wenn ich nicht Priester wäre', so gilt das als Sollizitation. Lobt er die Schönheit einer Frauensperson, so ist nach den übrigen Umständen zu beurteilen, ob darin eine Sollizitation zu erblicken ist."

Es ist erstaunlich und zugleich befremdend, daß das neue verbindliche Rechtsbuch der römisch-katholischen Kirche, der Codex Iuris Canonici aus dem Jahr 1983, überhaupt keine Bestimmungen oder Kirchenstrafen gegen sollizitierende Priester mehr enthält. Stattdessen wird die Pfeilspitze umgekehrt und nur noch den Beichtenden gedroht. Heißt es doch in Can. 982: "Wer bekennt, fälschlich einen unschuldigen Beichtvater bei der kirchlichen Autorität des Vergehens der im Zusammenhang mit der Beichte geschehenen Verführung zu einer Sünde gegen das sechste Gebot des Dekalogs bezichtigt zu haben, darf erst absolviert werden, wenn er vorher in aller Form die falsche Anzeige zurückgezogen hat und bereit ist, angerichteten Schaden wiedergutzumachen". Da nicht ein einziger Kanon unter allen kirchengesetzlichen Bestimmungen des neuen Kirchenrechts, die dem Sakrament der Buße gewidmet sind (Canones 959 - 991), die tatsächliche Sollizitation durch einen Priester auch nur erwähnt, muß angenommen werden, daß der den neuen Codex Iuris Canonici herausgebende Papst Johannes Paul II. und sein Mitarbeiterstab davon ausgehen, daß der Tatbestand der Sollizitation durch einen Priester nie gegeben ist, die Schuld vielmehr immer beim Pönitenten, also bei der oder dem Beichtenden liegt. Natürlich wissen der Papst und seine obersten Rechtsgelehrten, daß manche Priester die Beichte benutzen, um Frauen zu verführen. Aber sie halten sich an den heuchlerischen Grundsatz, daß nicht ist, was nicht sein darf, weil das übergeordnete Wohl der Kirche doch verlangt, daß man den Mantel des Schweigens über die Vergehen der Kirche und ihrer Priester breitet. Bestärkt fühlen konnten sich die Herren der Kirche in ihrem Vorgehen nach diesem Prinzip auch deshalb, weil der alte Codex Iuris Canonici aus dem Jahr 1917 "hauptsächlich den Priestern zur verbindlichen Richtschnur ihres seelsorgerlichen Handelns in die Hände gegeben war und in andere Sprachen nicht übersetzt werden durfte" (so das "Geleitwort zur lateinisch-deutschen Ausgabe" des neuen Codex), so daß die Gefahr der Einsichtnahme durch gläubige Laien eher gering erscheinen mußte. Das neue kirchliche

Gesetzbuch von 1983 soll dagegen "allen Gliedern des Volkes Gottes" (ebd.) zugänglich gemacht werden. Da mußte selbstverständlich jeder Hinweis auf eine Sünde oder Schuld des Priesters in Form der Verführung einer/eines Beichtenden gelöscht werden. Möglicherweise erachtet die Amtskirche die Verführung durch den Priester im Beichtstuhl aber auch gar nicht mehr für so schlimm. Angesichts der großen Zahl von Fällen sexuellen Mißbrauchs von Kindern durch Pfarrer muß es ja den Kirchenfürsten fast schon als »Segen« erscheinen, wenn ihre Kleriker Frauen nur zu ganz normalem Sexualverkehr animieren und verleiten.

Aber auch wenn die Amtskirche den Priester nicht dazu ermuntert, die Sünde der Verführung im Beichtstuhl zu begehen, trägt sie mittelbar doch Schuld, wenn es zu dieser Verführung kommt. Denn die Grundlagen dafür legt sie zum großen Teil höchstpersönlich. Man vergegenwärtige sich doch nur einmal die von der Kirche verschuldete Überforderung des Beichtvaters. Die kirchenamtlich festgelegte Rolle des Priesters im Beichtstuhl oder Beichtgespräch ist die des *Lehrers, Arztes* und *Richters*. Was er aber z.B. im Hinblick auf Ehe, eheliche Probleme und Sexualität lehren, diagnostizieren, heilen und richterlich beurteilen soll, weiß er nur aus moraltheologischen Lehrbüchern und Vorträgen, die von zölibatären, die Ehe in praxi wiederum nicht kennenden Theologen geschrieben oder gehalten wurden. Er hat nur mehr oder minder scholastische, d.h. sogenannte naturrechtliche und offenbarungstheologische Normen der Ehe und Sexualität im Kopf, dazu die Kasuistik, die Anwendung dieser aus einer vermeintlichen Naturordnung abgeleiteten Normen auf konkrete Fälle. Die »Kasusse«, die Beispiele, die bezüglich der Eheproblematik, des geschlechtlichen Vollzugs der Ehe, der Ehehindernisse usw. den Priesteramtskandidaten von seiten der Professoren der Moraltheologie und des Kirchenrechts serviert werden, tragen nicht selten den Stempel einer antifeministischen bzw. den Stand der Ehe dem der Jungfräulichkeit unterordnenden Grundhaltung. Zuweilen sind sie abgeschmackt und respektlos, teilweise tangieren sie sogar die Grenze des harten Sex und Porno. Im allgemeinen gelten in klerikalen Meinungskreisen die Kirchenrechtler als diejenigen, die die sexuellen Probleme rücksichtsloser und brutaler als die Moraltheologieprofessoren an- und aussprechen, wobei sie außerdem noch aus der Scheuklappensicht ihrer Kirchenrechtsparagraphen die Sexualität isoliert und ohne Beachtung ihres gesamtmenschlichen, personalen Bezuges zu behandeln pflegen.

Einiges hat sich zwar auch in dieser Hinsicht gebessert, denn die jüngere Generation der theologischen Lehrer ist in einer das Positive von Eros und Sexus erkennenden und schätzenden Zeit aufgewachsen, was nicht ganz ohne Rückwirkungen auf Kirche und Theologie blieb. Aber die Notwendigkeit, den zölibatären Lebensstil vor den Theologiestudenten zu rechtfertigen, seinen »höheren Wert« an sich und für die Kirche herauszustellen, führt die kirchlich fixierten Lehrer der Theologie - und das sind die meisten von ihnen - doch immer wieder zwangsläufig dazu, die negativen Seiten von Ehe und Geschlechtlichkeit ungebührlich aufzubauschen und die Frau abzuwerten. Ganzen Generationen von Priestern im 20. Jahrhundert wurde eingetrichtert, was der ehemalige Regens des Priesterseminars in Paderborn, B. Rasche, in seinen als Manuskript gedruckten, moral- und pastoraltheologischen Vorlesungen über "Das heilige Sakrament der Buße" warnend folgendermaßen formulierte: "Es gibt auch solche verschlagene Weiber, die die Beichte benutzen, um die Gesinnung, namentlich eines jungen Priesters, auszukundschaften und Gelegenheit zu finden, ihm ihre böse Lust zu offenbaren und natürlich dadurch den Priester zu Fall zu bringen."

Die Kirchengeschichtler kennen eine Unzahl die Frau erniedrigender und verteufelnder Aussagen von seiten des kirchlichen Lehramts, prominenter Kirchenfürsten und führender Theologen aus allen Jahrhunderten; nicht geringer ist die Anzahl der Geschlecht und Ehe abwertenden Urteile offizieller und offiziöser kirchlicher Quellen, auch wenn, dem Gesetz kirchlicher Herrschaftsdialektik und -anpassung gemäß, auch gegenteilige Thesen zur (Würde der) Frau und zur Ehe von seiten des kirchlichen Lehramts bzw. katholischer Theologen vorliegen und im Bedarfsfall ins Feld geführt werden können, um dem »bösen Kirchenfeind« zu beweisen, daß seine Attakken ein Mißverständnis waren. In der tatsächlichen Praxis des Christentums aber hat die Abwertung und Ablehnung der Frau, die Zurücksetzung der Ehe als eines notwendigen Übels oder minder wertvollen Lebensstils stets dominiert. In diesem Sinne wurde auch schwerpunktmäßig der Klerus informiert und indoktriniert, was letztlich auch noch für den ja weiterhin dem Zölibatsgesetz verpflichteten Klerus der Gegenwart gilt. Besteht denn wirklich ein so großer Unterschied in der negativen Bewertung der Frau durch einen Papst des 15. und einen solchen der zweiten Häfte des 20. Jahrhunderts, wenn der erstere erklärt: "Wenn du eine Frau siehst, denke, es sei der Teufel, sie ist eine Art Hölle", und der andere sich bis in sein Alter an dem von ihm in seiner Jugend aufgestellten Grundsatz orientiert: "Vor Frauen aller Art, seien es nun Verwandte oder Heilige, will ich mich besonders hüten, ihre Gesellschaft fliehen und die Unterhaltung mit ihnen meiden, besonders wenn sie jung sind ... Niemals werde ich ihnen irgend etwas anvertrauen, und wenn ich schon mit ihnen sprechen muß, werde ich mich einer kühlen, kurzen, wohlüberlegten und sachlichen Redeweise befleißigen." In diesem Grundsatz des liebenswürdigen Papstes Johannes XXIII. schwingt mit, was vielen Priesterkandidaten eingehämmert wurde: »Mulieri non est credendum.« (Einer Frau darf man nicht glauben oder vertrauen)

Doch geht es hierbei nicht bloß um »Mitschwingendes«. Ausdrücklich lehren auch offiziöse katholische Schriften des 20. Jahrhunderts die Minderwertigkeit der Frau. In der Enzyklopädie »Der Christ in der Welt«, herausgegeben von dem bekannten Jesuitenprofessor P. Johannes Hirschmann, nach der sich nachweislich viele Theologiestudenten für ihre Examina vorbereitet haben und die in fast jeder theologischen Bibliothek steht, wird in Bezug auf Sein und Rolle der Frau festgestellt: Es "entbehrt die Behauptung nicht aller Wahrheit, welche von einem kurzen Verstande der Frau redet. Wir würden jedoch lieber von einem verkürzten Verstande sprechen, was nun aber die Frau keineswegs in ihrem Wert schmälert ... Jede gesunde Frau, gleichgültig ob sie ein akademisches Studium hinter sich hat oder nicht, weiß darum, was sich oft in jenem verdeckten oder offenen Verlangen ausspricht, durch den Mann geführt sein zu wollen". Die Frau "scheut von Natur aus zurück vor einem abstrakt diskursiven Denken ... das bedeutet freilich nicht, daß sie unvermögend wäre, das begrifflich scharfe, abstrakte Denken nachzudenken und zu verstehen, aber sie wird aus sich heraus zu einer solchen Erkenntnis niemals fähig sein, sofern diese produktiv aus dem menschlichen Geiste hervorgehen soll ... Nunmehr versteht es sich auch leichter, warum es von seiten der Frau keine *genialen* Philosophen, Theologen, Mathematiker, Staatsmänner oder Künstler gibt, obwohl es ausgezeichnete *Schüler* und *Interpreten* großer Meister gibt ... Gleichzeitig aber ist daraus zu ersehen, daß es keine Gleichgeordnetheit der Geschlechter in jeder Hinsicht gibt, sondern daß sich hier bereits eine Über- und Untergeordnetheit der Geschlechter in etwa abzeichnet".

Zusammenfassend und auf die Situation und Disposition des Priesters bei der Beichte (insbesondere von Eheleuten) bezogen, muß man also mit einem versierten Kritiker der kirchlichen Sexuallehre feststellen: "Ihre Furcht vor dem anderen Geschlecht und ihre Angst vor sexueller Sünde sind diesen Theologen nicht mehr und nicht weniger vorzuwerfen als eine Herzkrankheit. Ein Priester hat die ganze Ehetheologie eine 'Ausgeburt des zölibatären Irreseins' genannt, und unzweifelhaft enthält sie wahnhafte Züge. Die detaillierten Kataloge sexueller Sünden entstehen unter dem Zwang, den die verdrängte, verleugnete und verteufelte Geschlechtlichkeit auf den Moraltheologen ausübt." Die Moraltheologie "schärft ständig Scham, Schuldgefühl und Sündenangst ein und übersieht, daß diese drei nicht die Heilung fehlerhafter Haltungen sind, sondern ihr fehlerhaftes Gegenteil." Die sakramentalisierte Ehe werde wie ein "Naturschutzpark der Sünde" behandelt (W. Ronner, Die Kirche und der Keuschheitswahn, S. 95).

Der durch eine solche Moraltheologie und ihre Lehrer auf die Aufgaben im Beichtstuhl »vorzüglich« präparierte Priester muß daher notwendigerweise in der Konfrontation mit der wirklichen Frau scheitern. Dieses Scheitern hat viele Gesichter. Nur eines von ihnen ist die Sollizitation, der Versuch, mit der Frau im Beichtgespräch einen erotischen oder sexuellen Kontakt zu bekommen. Außerdem geht diesem Versuch meist eine längere Vorgeschichte von Frustrierungen voraus. Die erste Reaktion von Priestern mit beginnender Beichtpraxis auf die ihnen ihre Verfehlungen bekennende Frau ist normalerweise die lebensfremde Be- und Verurteilung ihrer »Vergehen« gemäß den in Theologiestudium und Priesterseminar eingepaukten und eingeübten Normen der Kirche. Es bedarf beim Priester eines regelrechten Durchbruchs, um die jahre-, wenn nicht jahrzehntelang geübte Gewohnheit abzuwerfen, zunächst die Sünde und die darauf anzuwendende Norm und dann erst, wenn überhaupt, den diese Sünde beichtenden konkreten Menschen zu sehen. Zudem haben sich nur ganz wenige Theologieprofessoren und noch weniger praktische Seelsorger mit dem tiefenpsychologischen Ursachengefüge menschlicher Verfehlungen befaßt. Für die Amtskirche sind Freud, Psychoanalyse, Libido und ähnliche Namen oder Begriffe noch heute negative Reizworte. Die Psychoanalyse gilt in kirchlichen Kreisen noch weithin als Versuch, den unbezweifelbaren Tatbestand der sexuellen Sünde wegzupsychologisieren.

In diesem Zusammenhang sei aus meiner eigenen Beichterfahrung ein Fall erzählt, der für frisch gebackene Beichtväter typisch sein dürfte. Die Atmosphäre, in der junge Priester das Beichtbekenntnis von Mädchen und Frauen beurteilen müssen, dürfte jedenfalls adäquat charakterisiert sein.

Ich war 24 Jahre alt und erst vor einigen Wochen zum Priester geweiht worden. Zu diesem Zeitpunkt hatte ich erst ganz wenige Beichten gehört. Während der Frühmesse eines anderen Priesters saß ich im Beichtstuhl und betete mein Brevier. Ein Mädchen kam zur Beichte. Das Gespräch zwischen uns verlief sinngemäß so:

Sie: »Ich war unkeusch.«

Ich: »Was heißt unkeusch? Unkeuschheit kann man mit Gedanken, Worten und Werken begehen.«

Sie: »Na ja, dann waren es auch Werke.«

Ich: »Auch unter den Werken ist noch zu unterscheiden. Waren es schwere oder leichte Vergehen, war es mit dir selber oder mit anderen?«

Sie: »Es war mit einem Jungen.«

Ich: »Wie alt ist der Junge, wie alt bis du selbst?«

Sie: »Er ist neunzehn, ich bin siebzehn Jahre alt.«

Ich: »Was habt ihr denn miteinander getan?«

Sie: »Na, was denn, miteinander geschlafen.«

Ich: »Aber ihr seid doch nicht miteinander verheiratet. Das ist doch eine Todsünde. Außerdem bist du noch viel zu jung dafür.«

Ich hielt ihr also einen kurzen Vortrag darüber, daß das, was zwischen ihr und dem jungen Burschen sich da abspielte, noch keine echte, von Gott gewollte, ehelich gesegnete und legitimierte Liebe sein konnte, sondern nur schnell vergängliche, den Menschen verderbende Fleischeslust und sinnliche Leidenschaft. »Was machst du«, warnte ich, »wenn er dich wegwirft, nachdem er dich genügend genossen hat, oder wenn er dich gar mit einem Kind sitzenläßt?«

Sie: »Aber ich liebe ihn, und er liebt mich.«

Ich: »Das kannst du in deinem Alter und, verblendet durch die Leidenschaft, noch gar nicht beurteilen. Aber wie dem auch sei: Ohne das Sakrament der Ehe ist das, was Ihr begeht, Todsünde. Wenn Ihr Euch wirklich liebt, dann werdet Ihr auch so viel Kraft und Zucht aufbringen, Euch so lange zu beherrschen, bis Ihr vor den Augen der Kirche geheiratet habt. Du mußt mir also versprechen, daß Ihr nicht mehr miteinander schlafen, auch alle körperlichen Zärtlichkeiten vermeiden werdet, weil diese Euch nur zum Koitus verführen würden, ja daß Ihr Euch, um die Versuchung gering zu halten, nur so selten wie möglich sehen werdet.«

Sie: »Das kann ich nicht und das will ich auch nicht.«

Ich: »Ja, bereust du denn nicht, was du getan hast?«

Sie: »Nein, wieso?«

Ich: »Warum bist du denn dann überhaupt zur Beichte gekommen?«

Sie: »Meine Eltern wollten das so. Die Messe, die eben gefeiert wird, ist für meinen verstorbenen Großvater. Und meine Eltern wünschten, daß ich jetzt beichte, damit ich dann gemeinsam mit ihnen zur Kommunion gehen kann.«

Ich: »Du bereust also gar nichts?«

Sie: »Ich habe es Ihnen doch schon gesagt. Ich sehe nichts Schlechtes in dem, was ich getan habe.«

Ich: »Also, ich stelle fest: Du hast keine Reue, auch keinen Vorsatz, denn du willst dich ja mit deinem Freund weiterhin in derselben Art treffen wie bisher. Du tust etwas, was nur der Ehe vorbehalten ist und auch dort nur nach bestimmten, den Menschen über das Tier erhebenden Grundsätzen. Zur Beichte gekommen bist du aus einem rein äußerlichen Anlaß. Nach den Normen der Kirche kann ich dir keine Lossprechung geben. Geh!"

Sie: »Dann eben nicht!«

Natürlich kann mir der Leser dieses Buches meine damalige Härte zum Vorwurf machen. Auch ich werfe sie mir heute vor. Aber im Rahmen des kirchlichen Systems und seiner Morallehre habe ich damals absolut korrekt gehandelt. Und die Eigenständigkeit und Eigenwertigkeit menschlicher Liebe zwischen den Geschlechtern, unabhängig vom Segen und Plazet der Kirche, waren mir zu der Zeit noch gar nicht aufgegangen. Wie sollten sie das auch, wo ich doch fünf Jahre, von den Semesterferien und den Vorlesungen an der Uni abgesehen, hinter den Mauern des Priesterseminars zugebracht hatte, um dann unvermittelt »auf die Menschheit losgelassen zu werden«.

Eine weitere Form des Mißbrauchs der Beichte durch den Priester ist die ehrfurchts- und respektlose, neugierige Fragerei. Es gibt den Tatbestand einer groben, derben Neugierde mancher Beichtväter, über die sich viele katholische Frauen beklagen. Diese Neugier ist eine Form der Begierde, der Wunsch, irgendwie an der Geschlechtslust zu partizipieren. Sie erkundigen sich daher nach den intimsten Details des Geschlechtsverkehrs, und sie können sich auch dafür noch einigermaßen auf die kirchenamtlichen Anweisungen für Beichtväter berufen, weil diese die genaue Kenntnis aller wichtigen Umstände einer Sünde verlangen, um die Qualität eines Vergehens festzustellen, um die Frage, ob es eine schwere oder leichte Sünde war, zu klären.

Eine Katholikin schrieb mir nach meinem Kirchenaustritt: "Ich kann Ihren Kampf gegen das Zölibat der Geistlichen sehr gut verstehen. Vielleicht würde dann, wenn diese Herren heiraten könnten, wenigstens die unverschämte Fragerei im Beichtstuhl aufhören. Mir selber passierte folgendes (aber ich weiß auch von verschiedenen Bekannten, daß ihnen ähnliches widerfuhr): Nach dem Reuegebet fragte mich der Priester, wie wir es machen, ob wir das Hemd dabei ausziehen oder nur hinaufschieben. Es war die Beichte vor der Trauung!"

Eine andere Frau stellt mir in einem Brief bald nach Erscheinen meines Buches »Herren und Knechte der Kirche« die Frage: »Mich würde brennend interessieren, wie Sie wohl im Beichtstuhl waren, ob Sie einem auch Löcher in den Bauch gefragt haben." Sie fährt dann fort: "Ich muß sagen, daß mein ziemlich angeknackstes Vertrauen zu den Priestern vornehmlich von ihrem Gebaren bei der Beichte herrührt. Angewidert hat mich z.B. eine Frage, die mir ein Priester im Beichtstuhl stellte. Ich hatte ihm gesagt, daß mein Mann, um Kindersegen zu vermeiden, den Akt vor dem Höhepunkt unterbricht. Der Pater entgegnete mir dazu: 'Nach der Lehre der Kirche ist dies eine objektiv schwere Sünde, weil Sie damit Nachkommenschaft verhindern, und diese ist das erste, naturgegebene Ziel des Eheaktes. Aber sagen Sie mir doch bitte noch, damit ich das Ganze richtig einordnen kann: Wohin läßt es Ihr Mann denn laufen, wenn er ihn ... na, Sie wissen schon, den Penis herausgezogen hat? Auf Ihren Bauch? Das muß doch für Sie abscheulich sein!' Ich habe den Beichtstuhl sofort wortlos verlassen. Bin dann längere Zeit nicht mehr zur Beichte gegangen, fühlte mich dabei aber irgendwie >unrein<, weil ich seit meiner Kindheit angehalten worden bin, meine Seele alle vier Wochen 'im Bad der Beichte zu waschen' ".

Unter den Priestern, die bei mir eine Beichte ablegten, z.B. im Anschluß an von mir gehaltene Vorträge oder Einkehrtage für Theologen, gab es relativ viele »Skrupulanten«, die sich der Sünde des »Zuviel« oder aber der Sünde des »Zuwenig« in bezug auf die Erforschung der Sexualität bezichtigten. Die einen erachteten es demgemäß für ihre absolute Sorgfaltspflicht, dem

Pönitenten endlos Fragen hinsichtlich der Art seines Geschlechtsverkehrs zu stellen, weil sie, wie sie vor mir behaupteten, nicht vor Gott und der Kirche schuldig werden, sich nicht selber eine Sünde einhandeln wollten, indem sie die Schwere der Sünde verharmlosten. Die anderen empfanden eine natürliche Scham davor, durch detaillierte Fragen in das Intimleben anderer Menschen einzudringen; hatten dafür jedoch wieder Skrupel und Ängste, weil sie auf die kargen oder verschlüsselten Hinweise der Pönitenten über ihre Sexualität nicht näher eingegangen waren und möglicherweise die Absolution, die Lossprechung von Verfehlungen gaben, die sie in ihrer Qualität und Schwere nicht erkannt hatten. Wie leicht zu erkennen ist, waren bei der ersten Gruppen skrupulöse Angst und sexuelle Neugierde einen seltsamen Bund eingegangen.

Doch bildet diese Neugierde nur eine der vielen Formen der Kontaktsuche von Geistlichen. In der Situation der Leere, Unbefriedigkeitheit und Ungesättigtheit, in der sich so mancher Priester aufgrund der ihm übergestülpten zölibatären Zwangsjacke befindet, muß seine Phantasie, seine Sinnlichkeit natürlich erregt werden, wenn er Schuldbekenntnisse aus dem geschlechtlichen Bereich zu hören bekommt. Auf diesem Hintergrund ist es eigentlich gar nicht so verwunderlich, wenn einige Priester noch mehr als nur die Befriedigung ihrer erotisch-sexuellen Neugier wollen, wenn sie also zur direkten Verführung von Frauen im Beichtstuhl weiterschreiten.

Auf eine ganz andere Weise, die im Rahmen der Thematik dieses Kapitels hier eben noch geschildert werden soll, wurde einer jungen Dame die Beichte zum Ärgernis. Sie hatte in Berlin einen Kaplan in der Pfarre kennengelernt, der sie angehörte und in der sie die Heimabende für die Pfarrjugend besuchte. Dieser »große Junge« habe sie gerade durch die Melancholie, die ihn inmitten der fröhlichsten Unterhaltung überkommen konnte, fast magisch angezogen. Sie habe seine Nähe gesucht, habe gewollt, daß er über all das, was ihn bedrückt, auspackt, und er habe das wohl auch gespürt. Aus der Offenbarung seiner sexuellen Konflikte, aus dem Mittragen seiner Schwierigkeiten, die schließlich nicht mehr nur die sexuelle Sphäre betroffen hätten, sei eine tiefe Liebe zu ihm entstanden. Und sie sei überzeugt gewesen, daß auch er sie wirklich liebte. Die ersten Monate in ihrer Beziehung seien "ein einziger glücklicher Traum" gewesen, und den bald eingetretenen Übergang von Zärtlichkeiten, Liebkosungen, Anschmiegungen usw. zum Geschlechtsverkehr habe sie keineswegs als Bruch, sondern als ganz natürliche Weiterentwicklung ihrer traumhaften Liebe empfunden. Nach einiger Zeit aber habe sie bemerkt, daß ihr Partner den Geschlechtsakt, der für sie höchste Erfüllung bedeutete, für eine Sünde hielt. Nicht aber so sehr dies, als vielmehr die Tatsache, daß er ganz offensichtlich seine »Sünde« als etwas Gewöhnliches, als fast schon mechanisches Abreagieren einer Spannung, die nun einmal auch vor dem Zölibat nicht haltmacht, ansah und in der Beichte das ebenso automatisch-mechanisch wirkende Mittel zur Befreiung von dieser Sünde erblickte, habe sie maßlos enttäuscht. "Gisela", habe er zu ihr gesagt, "es ist jetzt 15.30 Uhr. Um 16 Uhr ist Beichte angesetzt, da muß ich in den Beichtstuhl. Wir können es also noch einmal machen. Nachher gehst du deine Sünde beichten - natürlich nicht bei mir, sondern bei einem anderen Priester -, und die Welt ist wieder in Ordnung." Sie sei zwar gegangen, aber nicht zur Beichte, sondern für immer. Sie habe bald danach Berlin und auch der katholischen Kirche den Rücken gekehrt, habe diesen Priester, auch wenn es sehr weh getan habe, nie mehr wiedergesehen und glaube heute an gar nichts mehr, höchstens an die Schlechtigkeit der Menschen. "Fast wahllos" habe sie sich später mit den verschiedensten Männern, und zwar immer nur für kurze Zeit, abgegeben. Dabei habe sie streng darauf geachtet, ihre Gefühle aus dem Spiel zu lassen. Die Männer seien es nicht wert. Es sei ihr im Gegenteil darauf angekommen, sich durch eisige Gefühlskälte an ihnen zu rächen.

Trotz der Tragödie dieser Frau scheint auch ihr klerikaler Partner anfangs durchaus verliebt, vom Eros ergriffen gewesen zu sein, ehe seine Beziehung zu ihr zur (buß-)sakramental abgefertigten Gewohnheit wurde. Fast noch tragischer erscheinen die Fälle, in denen ein Priester das Ergriffensein vom Gott Amor nur vorgaukelt, in Wirklichkeit lediglich das sporadische sexuelle Vergnügen sucht, die so Getäuschte aber aus echter erotischer Liebe alles gibt, was sie hat und ist.

Neuntes Kapitel

Die böse Schwiegermutter des Priesters

Jochen K., Kaplan in einer Großstadtpfarrei in Norddeutschland, fühlte sich seit längerer Zeit einsam und bedrückt. Er glaubte zu wissen, woher das kam. Hatte nicht der große heilige Franz von Assisi seinen Ordensbrüdern immer wieder die Mahnung mitgegeben, auf ihren Bettelgängen die Frauen zu meiden, weil jede Traurigkeit des Mannes im Grunde nur aus der Sehnsucht nach dem Weib und der unbewältigten Sinnlichkeit stamme? Und hatte nicht der Spiritual im Priesterseminar genau diesen Ausspruch des Heiligen immer wieder zum Gegenstand seiner asketischen Warnungen und Mahnungen an die Priesteramtskandidanten gemacht? Also die Ursache seines Mißmuts war Jochen bewußt, aber sie war damit noch keineswegs beseitigt. Im Gegenteil! Bisher hatte Jochen, vor einigen Jahren zum römisch-katholischen Priester geweiht, das Zölibatsgesetz recht und schlecht eingehalten. Aber immer deutlicher spürte er, daß er es unmöglich auf die Dauer halten würde. Das Ganze war mehr eine Ahnung, ein Gefühl. Keineswegs hatte er schon den festen Vorsatz gefaßt, aus der Zwangsjacke des Zölibats auszubrechen und sich an eine Frau heranzumachen. Zunächst einmal versuchte er, die Einsamkeit, die er tagtäglich stärker empfand, dadurch einigermaßen zu verscheuchen, daß er jetzt öfters Hausbesuche machte. Die würden ihn schon auf andere Gedanken bringen, hoffte er.

Bei einem dieser Hausbesuche war er geradezu überwältigt von der strahlenden Schönheit der wohl knapp 20-jährigen Tochter des Hauses. Und er war innerlich schwer enttäuscht, ohne sich das jedoch anmerken zu lassen, als plötzlich ihr Freund in das Zimmer trat, in dem Jochen mit ihren Eltern und ihr gerade noch ein interes-santes Glaubensgespräch geführt hatte. Noch enttäuschter war er, als er sah, wie verliebt die Beiden waren, wie sinnlich sie sich anschauten, wie sie bei diesen Blicken geradezu ineinander versanken. Als die Beiden gegangen und nur noch die Eltern im Zimmer geblieben waren, kehrte Jochen den besorgten Seelsorger heraus. Er wußte, daß die Eltern als streng katholisch und als eifrige Kirchgänger galten, also nahm er kein Blatt vor den Mund und legte los. "Es ist ja sicherlich in Ordnung, daß Bianca einen Freund hat und diesen vor ihren Eltern nicht verheimlicht. Die Beiden scheinen sich ja auch echt zu mögen. Aber ich habe so meine Zweifel, ob diese Liebe eine geistige Komponente hat und ein Leben lang tragfähig sein wird. Die Beiden schauen sich ja an, als ob sie zwei kleine Schweinchen wären. Verzeihen Sie meine Ausdrucksweise, aber es scheint mir mehr eine durch und durch triebhafte, keine menschliche Liebe zwischen den Beiden zu bestehen."

Der Vater Biancas war wütend, als er das hörte. Mußte sich dieser Priester in das Verhältnis seiner Tochter einmischen, das er durchaus als gut empfand? Nur die ihm seit seiner Kindheit eingetrichterte Achtung vor dem Priester hinderte ihn daran, seiner Empörung Ausdruck zu verleihen. Aber der Mutter Biancas gefiel das, was Jochen gesagt hatte. Sie mochte den Freund ihrer Tochter überhaupt nicht. Er war ihr zu arm, zu schlecht gekleidet, zu unbeholfen, zu wenig elegant. Und er war auch nicht charmant, denn er machte ihr, der Mutter, einer vitalen, sinnlichen, von ihrem Mann sich vernachlässigt fühlenden Mittvierzigerin, in keiner Weise den Hof. Für sie stand fest: "Dieser ungehobelte Kerl kriegt meine Tochter nicht." In Jochen sah sie von nun an ihren Verbündeten, der ihr vielleicht sogar helfen konnte, das Verhältnis Biancas mit Uwe (so hieß ihr Freund) zu hintertreiben.

Es dauerte nicht lange, da erschien die Mutter Biancas bei Jochen im

Pfarrhaus, in dem er zwei Zimmer bewohnte, und bat ihn, Bianca doch ins Gewissen zu reden und ihr den Freund madig zu machen. "Wie soll ich das denn anstellen?", fragte er, "ich kann mich doch nicht so mir nichts dir nichts mit Ihrer Tochter treffen. Wir kennen uns ja kaum, und sie wird mich auch nicht so ohne weiteres sehen wollen." Der Gedanke, das schöne Mädchen zu treffen, war zwar nicht ohne Reiz für Jochen. Aber er sah auch keine Möglichkeit dafür, denn trotz seiner zur Schau getragenen Bestimmt- und Entschiedenheit in seelsorgerlichen Gesprächen war er gerade Frauen gegenüber innerlich unsicher, fast schüchtern. "Lassen Sie mich nur machen", erwiderte die Mutter überlegen lächelnd. "Bianca ist Wachs in meinen Händen, die macht am Ende immer, was ich will. Ich schicke sie einfach zur Beichte zu Ihnen. Sie hat mir schon ein paarmal gesagt, sie hätte Hemmungen, ihre Bettgeschichten mit Uwe einem fremden Priester zu beichten. Ich werde ihr sagen, daß Sie keineswegs ein strenger Beichtvater sind und viel Verständnis für sie haben werden. Sie werden sehen, sie kommt bestimmt zu Ihnen."

Erst viel, viel später, als es im Grunde schon zu spät war, kam Jochen auf den Gedanken, daß Anna, die Mutter Biancas, bei der ganzen Geschichte noch einen anderen Zweck verfolgt hatte, daß sie also nicht bloß Biancas Beziehung zu Uwe auflösen wollte. Obwohl nämlich Anna noch relativ jung war, gehörte sie jener nur noch seltenen, heute aussterbenden Spezies gläubiger Katholikinnen an, die die sexuelle Liebe zu einem Geweihten, einem Priester als etwas ganz Besonderes und keineswegs Sündhaftes empfinden. Anna plante also einen doppelten Coup. Sie wollte diesen Priester ins eigene Bett bekomen, denn mit ihrem Mann klappte es dort schon längst nicht mehr. Aber mit ihrem weiblichen Instinkt hatte Anna auch längst erkannt, daß Jochen ein Auge nicht auf sie, sondern auf ihre Tochter geworfen hatte. Also mußte sie indirekt agieren. Wenn ihre Tochter in ein Techtelmechtel mit dem Priester verwickelt werden sollte, so würde auch für sie etwas dabei herausspringen, dachte sie sich. "Mit der Zeit wird er sich auch mit mir küssen und herumpoussieren. Dafür werde ich schon sorgen, wenn er einmal ständiger Hausgast bei uns sein wird."

Zunächst schien Annas Plan nicht zu klappen. Zwar lud sie den Priester immer öfter zu Kaffee und Kuchen und zu diversen Hauspartys ein. Zwar ging auch ihre Tochter tatsächlich zur Beichte zu ihm. Aber es bahnte sich nichts Eigentliches an, weder zwischen Jochen und Bianca, noch zwischen Anna und ihm. Ihm gefiel zwar Bianca weiterhin außerordentlich, während er es eher als unangenehm empfand, daß ihre Mutter sich ständig an ihn heranschmiß, sowohl beim Tanz auf den Hauspartys als auch, wenn er bei ihnen im Wohnzimmer auf dem Sofa saß. Diese kleine dicke Person war erotisch so aufgeladen, daß jeder Mann Angst bekommen mußte, von ihr vergewaltigt zu werden. Das wirkte also einigermaßen abstoßend auf Jochen. Mit Bianca aber entwickelte sich zunächst nichts, weil der Priester sah, wie sehr sie Uwe liebte, so daß er keinerlei Chance sah, näher an sie heranzukommen. Bei der Beichte hatte sie Jochen so viele intime Details ihrer Liebe zu Uwe mitgeteilt, daß ihm nur die resignierte Erkenntnis blieb: "Dieses Mädchen wird sich nie für Dich interessieren!" So hatte er ihr in der Beichte lediglich nachhaltig den Rat gegeben, ihre Liebe zu Uwe geistiger zu gestalten, und ihr die Absolution erteilt, obwohl er das nach der Morallehre der Kirche eigentlich gar nicht durfte, weil sie ja körperlich miteinander verkehrten, obwohl sie noch gar nicht verheiratet waren. Aber obwohl Jochen in ähnlichen Fällen im Beichtstuhl sonst strenger verfuhr, sagte er sich, da er Biancas Schönheit kannte: "Wie soll sich ein Mann, verheiratet oder nicht verheiratet, da beherrschen, wenn sie in seiner Nähe ist. Ich könnte es ja auch nicht." Seine Phantasie malte ihm immer neue Bilder und Szenen der Zärtlichkeit zwischen Bianca und ihm selbst vor, aber er war nüchtern genug, die graue und, wie ihm schien, hoffnungslose Realität von den reizenden Wunschbildern zu unterscheiden.

Trotzdem war Jochen dann doch etwas überrascht, als er von der Mutter Biancas hörte, daß bereits der Termin ihrer Trauung mit Uwe festgesetzt sei. "Ich habe", klagte die Mutter, "alles, aber auch alles dagegen unternommen und sonst folgt mir ja Bianca auch in jeder Hinsicht. Aber sie ist so verrannt in diesen Typ, daß mir am Ende nichts übrigblieb, als meine Einwilligung zu dieser Heirat zu geben." Die Vermählung, standesamtlich wie kirchlich, fand also statt und für Jochen war somit dieses Kapitel seiner freilich gar nicht zustande gekommenen Beziehung zu Bianca endgültig beendet. So schien es, aber dem war nicht so, wie sich noch herausstellen sollte.

Die Mutter Biancas war nämlich aus jenem Holz geschnitzt, das nie nachgibt, nie aufgibt. Mochte sie ansonsten auch noch so fromme Sprüche im Munde führen, ihren katholischen Glauben noch so betonen, die vor Gott und der Kirche geschlossene und gesegnete Ehe war ihr keinen Pfifferling wert, wenn es um ihre Tochter ging, zu der nach ihrer felsenfesten Überzeugung dieser Mann einfach nicht paßte. Keineswegs hatte Anna also nach der Trauung der Beiden aufgehört, vor ihrer Tochter an Uwe herumzukritisieren, gegen ihn regelrecht zu hetzen. Und wiederum benutzte sie in ihrem entschlossenen Bemühen, diese Ehe zu zerstören, den Priester Jochen in raffinierter Weise als ihr Instrument. Immer öfter hörte er von ihr, daß in der Ehe der Beiden gar nichts mehr stimme, daß Bianca todunglücklich sei, weil Uwe sich schon nach anderen Frauen umschaue und die Abende nicht mehr mit ihr, sondern mit anderen Weibsbildern in Bars und Kneipen verbringe. Er, Jochen, solle doch einmal mit Bianca darüber sprechen, sich anhören, was sie zu der ganzen Geschichte mit Uwe zu sagen habe.

Schließlich willigte Jochen ein. Umsichtig wie sie in ihren Planungen war, hatte Mama Anna auch für das nötige Ambiente gesorgt. Das Treffen zwischen Bianca und Jochen fand nicht etwa wieder im Beichtstuhl statt, sondern in einem abseits gelegenen, aber vornehmen Hotelrestaurant. Es begann alles ganz harmlos. Beim Essen im Restaurant war ja Anna dabei, aber danach erklärte sie, daß sie noch einen wichtigen Termin wahrnehmen müßte, sie würde Bianca und Jochen in etwa zwei Stunden mit ihrem Wagen, mit dem sie die Beiden auch hergebracht hatte, abholen und wieder nach Hause bringen. Sie könnten doch die zwei Stunden für einen Spaziergang in dem ans Hotel anschließenden Wald nutzen.

Bianca und Jochen gingen also spazieren. Er war überrascht, wie verhärmt Bianca inzwischen aussah. Von ihrer früheren Schönheit war nicht viel übriggeblieben. Der Priester in ihm konstatierte das sogar mit einer gewissen Erleichterung. Er hatte sich ja vor dieser neuerlichen Begegnung mit Bianca ein wenig gefürchtet, denn sie hatte ihm früher doch so sehr gefallen und nun sollte er mit ihr allein im Wald spazierengehen. Aber diese Befürchtungen waren wie der Schnee in der Sonne weggeschmolzen, als er sie so verhärmt vor sich sah. Es wurde also ein rein seelsorgerliches Gespräch ohne alle erotischen Interessen und Absichten von seiner Seite. Sie gingen nebeneinander her, er erkundigte sich nach ihrer Ehe, sie gab eher ausweichende Antworten. Das Gespräch schleppte sich mühsam dahin. Jochen war froh, als der Spaziergang sich dem Ende zuneigte.

Sie waren nur noch ein paar hundert Meter vom Hotel entfernt, da geschah für Jochen Unerwartetes: Bianca umarmte ihn ganz fest, drückte ihre Lippen auf seinen Mund und flüsterte ihm schluchzend zu: "Ich bin ja so unglücklich!" Die erste Reaktion Jochens war, daß er sie sogar ein wenig von sich wegstieß, er war zu überrascht. Aber wie er dann dieses Häufchen Elend heulend vor sich sah, umarmte auch er sie und drückte sie immer fester an sich. Halb war es Mitleid mit ihr, halb die Wärme ihres weiblichen Körpers, die seine Sinne immer mehr gefangennahm. Jedenfalls küßten sie sich immer heftiger und sinnlicher - und dennoch befreite sie sich nach einiger

Zeit so plötzlich und abrupt aus seiner Umarmung, wie sie diese vorher gesucht hatte. "Jetzt bin ich meinem Mann untreu geworden", rief sie entsetzt und begann wieder zu weinen. Jochen tröstete sie: "Das war doch keine von Dir beabsichtigte, keine absichtlich herbeigeführte Sache. Es überkam Dich einfach. Damit ist es auch kein Treue- oder Ehebruch. Ich bin ja auch von diesem Ereignis gleichsam überrannt worden. Wir wollen das Ganze auch ganz schnell vergessen. Es soll nicht mehr vorkommen. Wir dürfen uns deshalb aber auf keinen Fall mehr alleine treffen!"

Jochen glaubte, auch in ihrem Sinne gesprochen zu haben. Aber zu seinem Erstaunen war sie mit seiner Absage aller weiteren Begegnungen mit ihr keineswegs einverstanden. Widersprüchliche Gefühle stritten in ihr. Einerseits liebte sie noch ihren Mann, wenn auch lange nicht mehr so wie am Beginn ihrer Liebe zu ihm. Andererseits keimte in ihrer vom Ehetrott schon ein wenig gelangweilten Seele bereits etwas Neues, nämlich eine sich von Minute zu Minute steigernde Sympathie für diesen jungen, nicht schlecht aussehenden Priester, der sich ihrer so nett annahm und den ihr die Mutter immer wieder als einen großartigen Menschen geschildert hatte. Also, sie wollte ihn wieder treffen, allen Gewissensbissen zum Trotz, die sie wegen der Untreue gegenüber ihrem Mann empfand.

So kam es dann immer häufiger zu von der Mutter Biancas raffiniert arrangierten heimlichen Rendezvous zwischen dieser und dem Priester. Und der fand immer mehr Gefallen an der Nacktheit von Biancas immer noch schönem Körper, auch wenn es ihn störte, daß sie oft mitten im Liebesakt zu schluchzen begann und sich des Verrats an ihrem Mann bezichtigte. Der Priester in Jochen fühlte ebenfalls eine Schuld in sich, weil er zur Zerrüttung einer Ehe beigetragen hatte. Aber er verdrängte diese Schuld und rechtfertigte sich damit, daß diese Ehe auch ohne sein Zutun mit der Zeit kaputtgegangen wäre. Dafür, sagte er sich, hätte schon die Mutter Biancas unweigerlich gesorgt.

An sich hätte Jochen jetzt glücklich sein können. Er litt nicht mehr unter der Einsamkeit seines Zölibats, er liebte eine junge Frau, deren Körper er als ein Meisterwerk Gottes empfand, das er in vollen Zügen genoß. "Das Leben ist wieder schön", sagte er sich, während die Tristesse seines bisherigen zölibatären Daseins sich immer mehr in den Nebelschwaden der Vergangenheit auflöste. Dennoch dachte Jochen keineswegs daran, seinen Priesterberuf aufzugeben. "Schließlich", sagte er sich, "ist der Zölibat kein Gesetz Gottes für die Priester, sondern nur ein administratives Gesetz der Kirche. Und meine anderen Verpflichtungen, die mir diese Kirche auferlegt, erfülle ich ja." Jochen war auch nicht so naiv, daß er nicht gewußt hätte, wieviele Priester das Zölibatsgesetz nicht einhalten und dennoch Priester bleiben. Ein wenig störten ihn zwar schon die Heimlichtuerei, die er sich auferlegen mußte, und die Heuchelei und Doppelmoral, die darin bestand, daß er vor der Öffentlichkeit, vor den Gläubigen den Reinen, Ehelosen spielte, während er doch den "weltlichen Genüssen der sinnlichen Lust", wie er das nannte, ebenso ergeben und erlegen war wie alle anderen "Kinder dieser Welt". Aber, wie gesagt, mit all diesen Kompromissen hätte Jochen leben können, ohne sein Priesteramt aufzugeben, wenn, ja wenn da nicht die böse Schwiegermutter in spe, nämlich Anna, gewesen wäre. Aber wir greifen damit der Geschichte schon ein wenig voraus, berichten wir lieber nacheinander, wie sie sich weiterentwickelte.

Anna fühlte sich nämlich noch keineswegs am Ziel ihrer Planungen. Zwar hatte sie erreicht, daß die Ehe ihrer Bianca endgültig zerrüttet war, daß Bianca die Scheidung eingereicht und auch durchgesetzt hatte, obwohl Uwe damit keineswegs einverstanden war und den Priester dafür verantwortlich machte, daß die Ehe in die Brüche ging. Nach wie vor betrachtete er, treukatholisch wie er war, Bianca als seine Ehefrau vor Gott, woran das staatlicherseits erfolgte Scheidungsurteil seiner Meinung nach gar nichts ändern konnte. Aber für die Mutter Biancas war auch das lose Verhältnis zwischen dieser und Jochen nichts endgültig Hinnehmbares.

Es gefiel ihr gar nicht, daß ihre Tochter nur das ängstlich verheimlichte Betthäschen eines Priesters war und bleiben sollte. Außerdem fühlte sie so etwas wie Neid und Eifersucht selbst gegenüber Bianca. Denn die vergnügte sich mit dem Priester und der mit ihr, und zwar so ausschließlich, daß er kein Auge für die Mutter Biancas hatte. Anna hielt sich in Verkennung ihres tatsächlichen Aussehens für eine sehr attraktive Frau und konnte daher nicht verstehen, warum der Priester auf ihre weiblichen Reize und Annäherungsversuche so gar nicht einging.

Sie startete diesbezüglich noch einen letzten Versuch, indem sie sich fein herausputzte und schnurstracks zu Jochen ins Pfarrhaus stolzierte. Der merkte sofort, daß Anna diesmal noch mehr als sonst erotisch aufgeladen war. Und tatsächlich erklärte sie ihm ohne Umschweife, daß sie jetzt mit ihm schlafen möchte. "Bin ich etwa häßlicher als meine Tochter?", fragte sie energisch und fügte gleich hinzu: "Wenn Du mit ihr schlafen kannst, dann kannst Du es auch mit mir. Es bleibt ja in der Familie!" "Glaubst Du denn, Bianca wäre damit einverstanden? Die fände es doch bestimmt nicht richtig, daß ich abwechselnd mit ihr und Dir verkehre. Außerdem ist das, was zwischen Bianca und mir abläuft, nicht nur eine Bettgeschichte, ich liebe sie doch", gab der Priester zu bedenken. "So, und mich liebst Du also nicht", schrie sie ihm ins Gesicht, "dabei habe ich so viel für Euch beide getan." "Dafür bin ich Dir doch auch dankbar, wirklich äußerst dankbar", so der Priester. "Quatsch, Deine Dankbarkeit interessiert mich nicht. Ich will Liebe. Mein Mann ist ein Trottel, der's gar nicht mehr kann, und ich trockne fast aus", jammerte sie, den Tränen nahe. "Los, du nimmst mich jetzt", forderte sie kategorisch und begann sich auszuziehen. Er aber ergriff die Flucht, rief ihr lediglich noch beim Herauslaufen aus dem Zimmer zu, er würde das Pfarrhaus erst wieder betreten, wenn sie es verlassen hätte. Hinter einem Gebüsch im Pfarrgarten wartete er tatsächlich, bis die in ihrer Weiblichkeit zutiefst Gekränkte und Beleidigte aus dem Pfarrhaus stürmte, ohne ihn zu bemerken.

Ihrer Tochter erzählte sie natürlich nichts von dem Vorfall. Stattdessen packte sie moralische Gründe vor ihr aus: "Also das ist gegen die sittliche Ordnung, daß ein Priester so mit Dir herumpoussiert. Er soll entweder das Verhältnis beenden und wieder ein sauberer Priester sein, oder er soll Dich gefälligst heiraten. Dazu muß er dann eben die Priestersoutane ausziehen. Entweder oder! Etwas anderes dulde ich einfach nicht." Ihr Ehegatte, der bei dieser resoluten Frau ohnehin nichts zu sagen hatte, dem aber als gutem Katholiken die ihm nicht verborgen gebliebene Liaison seiner Tochter mit dem Priester ebenfalls nicht behagte, gab seiner Frau vollkommen recht.

Beim nächsten Tête-à-tête mit Bianca war Jochen deshalb wie vor den Kopf gestoßen, als sie mitten im Akt plötzlich von ihm verlangte, sie zu heiraten. "Aber ich habe Dir doch immer gesagt, daß ich meinen Priesterberuf liebe und nicht vorhabe, ihn aufzugeben", entgegnete er. "Mir war das ja ursprünglich auch recht. Aber meine Mutter hat mir klargemacht, daß es so nicht weitergeht, daß das auf die Dauer unmoralisch wäre." "Dann müssen wir uns eben trennen", erklärte er resigniert. Seine Antwort löste einen wahren Wutausbruch bei der bisher immer so sanften Bianca aus: "So sehr liebst Du mich demnach, daß Du mir nichts Dir nichts von einem Augenblick auf den anderen unser Verhältnis abbrechen kannst. Dann hast Du Betrüger mich doch nie richtig geliebt!" Er fand nicht sofort eine Antwort. Sie nahm sein Schweigen als Bestätigung der Richtigkeit ihrer Worte, packte ihre Sachen und lief aus dem Hotelzimmer, in dem sie sich vor ganz kurzer

Zeit noch so innig geliebt hatten.

Eine Zeitlang nach diesem abrupten Auseinandergehen passierte nichts. Bianca heulte sich die Augen rot, weil Jochen nicht den geringsten Wiederannäherungs- oder Versöhnungsversuch unternahm. Er war zwar in Bianca verliebt, aber doch nicht so, daß er deswegen seinen Beruf als Priester aufzugeben bereit gewesen wäre. Für ihn war die Sache daher beendet, auch wenn er die Zusammenkünfte mit diesem süßen Geschöpf schmerzlich vermißte. "Aber da muß ich jetzt durch", sagte er sich. Doch er hatte seine Rechnung ohne Anna gemacht. Die war wahnsinnig empört, obwohl es ihr irgendwie auch ein wenig Genugtuung bereitete, daß ihre Tochter ebenfalls so etwas wie einen Korb von dem störrischen Priester erhalten hatte. "Dem zeigen wir's!", sagte sie zu ihrer Tochter. "Der Kerl soll sich doch nicht einbilden, nachdem er Dich flachgelegt hat, daß er ungeschoren aus dieser Situation herauskommt. Laß mich nur machen!" Tatsächlich forderte sie Jochen ultimativ auf, an diesem und diesem Tag zu dieser und dieser Stunde bei ihr zu erscheinen. Sie habe ihm etwas Ernstes mitzuteilen. Ein Nichtkommen würde unangenehme Konsequenzen für ihn nach sich ziehen.

Jochen kam also. Bianca hatte die Mutter verboten, auch nur kurz auf der Bildfläche zu erscheinen. Jochen war enttäuscht, daß er sie nicht sehen konnte. Aber das Schlimmste sollte erst noch kommen. Eiskalt schlug Anna dem Priester die Drohung ins Gesicht: "Entweder Du heiratest Bianca und verabschiedest Dich ehrenvoll aus dem Priesteramt. Oder ich teile Deinem Bischof mit, daß Du Bianca, die damals noch verheiratet war, verführt und vergewaltigt hast. Eine Klage beim Amtsgericht reichen wir dann obendrein ein." Jochen war wie erschlagen. "Ich könnte Bianca doch gar nicht ernähren", gab er kleinlaut und mit gebrochener Stimme zu bedenken, "ich habe doch außer Theologie nichts gelernt. Wie soll ich mir denn eine neue Existenz aufbauen? Und vergewaltigt habe ich Bianca doch nun wirklich nicht." "Wer wird Dir das schon glauben?", spottete Anna zynisch, "da stehen drei Aussagen, vielleicht sogar vier - die meines Mannes, meine und Biancas, vielleicht sogar die von Uwe - gegen eine, nämlich Deine. Außerdem: Egal wie das ausgeht, Du wirst kirchlich und gesellschaftlich in jedem Fall erledigt sein. Dir bleibt daher gar keine andere Wahl!" "Wie kannst Du nur so mitleidslos sein?", stöhnte er. "Du nimmst mir den ganzen Sinn meines bisherigen Lebens. Ich liebte doch meinen Beruf als Priester." "Schöner Sinn", spottete sie weiter, "der Dir nur dann genügt, wenn Du außerdem ein Weib zum Bumsen hast. Komm mir also doch nicht mit einem solchen 'Ideal'. Hattest Du sodann mit mir Mitleid, als ich von Dir eine - na sagen wir - leibliche Tröstung brauchte? Also Schluß mit dem Gejammer, Du heiratest Bianca, oder ich mache Dich fertig, radikal fertig!"

In die verzweifeltste Enge getrieben, raffte sich Jochen zu einer "heroischen" Überwindung auf: "Ich bin bereit, sofort mit Dir ins Bett zu gehen, wenn Du all Deine angedrohten Maßnahmen fallen und mich weiter Priester sein läßt. " Anna war immer noch geil auf diesen Priester und ging zum Schein auf sein Angebot ein. Der war naiv genug, ihr Glauben zu schenken. Die dann folgenden "Turnübungen" Jochens auf dieser dicklichen, fettleibigen, geilen, unter seinen Berührungen wie eine Stute wiehernden Person empfand Jochen als das Peinlichste und Widerwärtigste in seinem ganzen Leben. Nicht einmal vor sich selbst hegte er mehr Achtung wegen dieser gemeinen Art von Kohabitation mit einer Frau, für die er nichts empfand, vor der er lediglich charakterlos kapituliert hatte. Anna spürte seinen Ekel gegen sie und sich selbst und trotzdem genoß sie in einer komischen Melange sowohl ihren Sieg und Triumph über ihn wie auch die Nähe seines Körpers und sein Eindringen in sie. Als er sich danach erhob und einen Moment lang beschämt mit seinem inzwischen erschlafften Penis nackt vor ihr stand, lachte sie sich halbtot und höhnte weiter. "Das

Ganze warst Du mir einfach schuldig, nachdem Du mich damals im Pfarrhaus so hast abblitzen lassen. Aber bilde Dir nicht ein, daß Du jetzt aus der Sache fein heraus bist. Du heiratest Bianca trotzdem und mich wirst Du nebenbei auch bedienen. Schluß. Basta." "Die Frau ist der Leibhaftige", zischte es dem gedemütigten und hinters Licht geführten Priester durch den Kopf. Aber sie hatte ihn in der Hand, niemand, schon gar nicht Bianca, würde ihm glauben, was hier gerade geschehen war. Die hätte auch jeglichen Rest von Achtung für ihn verloren, wenn er ihr das erzählt hätte.

Jochen heiratete also notgedrungen Annas Tochter. Die Trauung fand nur vor dem Standesamt, nicht in der Kirche statt, denn der Priester hatte, da alles nach dem Willen Annas ganz schnell gehen mußte, keinen Dispensantrag um Rückversetzung in den Laienstand gestellt, galt somit als Abtrünniger, der im Unfrieden mit der Kirche aus seinem Amt ausgeschieden war. Zwar hatten sich Jochens Pfarrer und einige Mitbrüder eifrig bemüht, ihn von seinem Schritt abzuhalten, indem sie u.a. sogar darauf hinwiesen, daß etwaige Verfehlungen Jochens in puncto sechstes Gebot doch keine Tragödie wären, aber er konnte und wollte ihnen nicht sagen, daß er erpreßt wurde und wie sehr er sich seines Fehltritts mit der Frau schämte, die nun seine Schwiegermutter war. Die hätte bei seinem eventuellen Verbleiben im Amt nicht davor zurückgeschreckt, auch sich selbst als durch Jochen Vergewaltigte auszugeben. Er hätte also als zweifacher Vergewaltiger, als Vergewaltiger Biancas und Annas, vor Gericht gestanden. Vor dem Gespött der Leute und vor den gerichtlichen Folgen dieser "Vergewaltigungen" empfand Jochen eine derartige Angst, daß er lieber das damals in seinen Augen kleinere Übel, nämlich die Heirat mit Bianca wählte. Er konnte ja das ganze Ausmaß dessen,was da noch auf ihn zukommen sollte, nicht erahnen.

Der Start ins neue Leben stellte sich Jochen all seinen Befürchtungen zum

Trotz zunächst auch gar nicht so ungünstig dar. Bianca war überglücklich, daß sie ihn, wie sie glaubte, jetzt ganz für sich hatte. Von dem, was zwischen ihrer Mutter und dem Priester in puncto Sex und Erpressung vorgefallen war, wußte sie ja nichts. Außerdem war Bianca bereit, für den Lebensunterhalt zu sorgen, indem sie als Sekretärin arbeitete, während Jochen arbeitslos war. Unangenehm war nur für ihn, daß die Schwiegermutter weiterhin keine Hemmungen hatte, von ihm Sex zu verlangen. Aber inzwischen fühlte sich Jochen doch in einer stärkeren Position. Sie konnte ihn ja kaum mehr als jemanden hinstellen, der sie vergewaltigte, denn dann hätte der Skandal auch ihre Tochter und ihre Ehe getroffen. Etwas von dem Spott, mit dem ihn Anna vorher so heruntergemacht hatte, gab er jetzt zurück, indem er, wenn sie wieder die für ihn so widerwärtige Bumserei mit ihr verlangte, höhnisch zu bedenken gab: "Welcher Richter wird denn beim Schönheitsvergleich zwischen Bianca und Dir glauben, daß ich ausgerechnet Dich vergewaltigen wollte? Das nimmt Dir doch niemand mehr ab!" Spott und Ablehnung ihrer sexuellen Wünsche vertrug dieses Musterexemplar einer bösen Schwiegermutter nun gar nicht. Sie war völlig humorlos und sann auf Rache. Und ihre Rachsucht war tödlich. Jochen mußte vernichtet werden! Nicht gleich, sondern langsam und allmählich, denn noch loderte ja das Feuer der Liebe zu Jochen in ihrer Tochter zu stark. Aber das würde ja mal vorüber sein. Und dann würde sie, Anna, endgültig zuschlagen. Vorher aber wollte sie Jochen ausbeuten und ausnutzen auf Teufel komm raus.

Als Jochen endlich doch eine Anstellung bekam, nämlich als Personalberater eines größeren Unternehmens, ließ Anna nicht locker. Sie machte derart heftig, lange und laut - bei geöffneten Fenstern, damit es auch die Nachbarn mitbekamen - Krach in dem Haus, das Jochen inzwischen bewohnte, daß er am Ende entnervt aufgab und ihr Vollmacht über sein Gehaltskonto zugestand. Die Konsequenz ließ nicht lange auf sich warten. Sein Gehalt war immer schon weg, wenn er es vom Konto abheben wollte. Sie war aber "großzügigerweise" bereit, ihm ein kleines monatliches Taschengeld zu gewähren. Dasselbe machte sie übrigens auch mit dem Gehalt ihres eigenen Mannes, der ebenfalls nie an sein eigenes Geld herankam, dafür aber - er war sehr eitel - elegante und teure Anzüge von ihr geschenkt bekam, die ihn immer wieder in seinem aufwallenden Zorn gegen sie besänftigten. Und außerdem erhielt er ja auch ein Taschengeld, genau wie Jochen. Diese Frau war eben von zwei Süchten beherrscht: Sie war sex- und geldgeil. Und dementsprechend tyrannisierte sie fast ununterbrochen ihre Umgebung. Auch ihre Tochter köderte sie mit teuren Geschenken und Kleidern, denn ihr Gehalt mußte selbstverständlich auch Bianca an die Mutter abführen.

Nichts blieb vor ihrem Zugriff verschont. Jochen hatte noch aus seiner Zeit als Kaplan seinen Wagen. Den hatte sie auch "beschlagnahmt". Es genügte, daß er ihr einmal sein Auto für eine "wichtige" Fahrt auslieh, seinen Autoschlüssel bekam er nie wieder. Einen zweiten hatte er zwar irgendwo, aber er konnte ihn nicht finden. Doch die Schwiegermama war ja so gnädig, ihn tagtäglich ins Büro zu fahren und ihn von dort auch wieder abzuholen. Aber die Verfügungsgewalt über sein Auto war ihm genommen. Wenn er deshalb Krach schlug, schaltete sich inzwischen auch Bianca in den Streit ein und flehte Jochen weinend an, um des lieben Friedens willen der Mama nachzugeben, die doch ein so schwaches Herz habe. Diese bullige, vitale Frau hatte ihrer Tochter doch tatsächlich weisgemacht, daß sie herzinfarktgefährdet sei.

Der Ex-Priester Jochen war um eine Erfahrung reicher. Nie hätte er in der Zeit, als er noch Priester war, gedacht, daß Frauen für den alltäglichen Ehekrieg viel besser gerüstet sind als Männer. Diesen permanenten Nahkampf, diese ewige Stichelei und Nörgelei seiner Schwiegermutter übertrug er ungerechterweise inzwischen auf beinahe alle Frauen, sogar schon ein wenig auf Bianca, die sich jetzt immer öfters bei den Querelen auf die Seite der "lieben" Mama schlug.

Dummerweise hatte sich der in Geld- und Vermögensangelegenheiten unbedarfte Jochen von Mutter und Tochter auch breitschlagen lassen, das Haus, das Bianca und er bewohnten, zu kaufen. Das Haus war mit einer hohen Hypothek belastet, aber als er den Vertrag mit der Hypothekenbank unterzeichnete, war er ja auch davon ausgegangen, daß sein relativ hohes Gehalt, das er als Personalberater einer Firma erhielt, für die Abzahlung der auf dem Haus lastenden Schuld ausreichen würde. Nun aber plünderte die "liebe" Schwiegermama Monat für Monat sein Konto. Zwar hatte sie ihm ein ums andere Mal versichert, daß sie, da es ja auch das Haus ihrer Tochter sei, schon Sorge tragen werde, die monatlichen Überweisungen von seinem Konto auf die Hypothekenbank pünktlich zu tätigen. In Wirklichkeit dachte sie gar nicht daran. Schließlich waren die Schulden so groß, daß er das Haus aufgeben mußte. Er stand praktisch auf der Straße, da ihm auch sein Arbeitgeber gekündigt hatte, weil er ihn "wegen seines dummen Geschäftsgebarens mit der Bank" nicht mehr für fähig hielt, Vertrauen bei den Mitarbeitern der Firma zu wecken und sie für die Maximierung ihrer Leistung motivieren zu können. Es war schließlich keine Großstadt, in der Jochen arbeitete, und alles sprach sich hier sehr schnell unter den Leuten herum.

Jochen beschloß, in eine andere Stadt zu ziehen, möglichst weit weg von der Schwiegermutter. Bianca schien ihn immerhin noch so stark zu lieben, daß sie ihm versprochen hatte mitzukommen. Der Neuanfang würde schwierig sein, das wußte der Ex-Priester. Aber das erschien ihm noch besser als das Leben unter der Fuchtel dieses Monsters von einer Schwiegermama, die sich ständig in alles einmischte und von einer ungeheuren Herrschsucht besessen war. Noch schwieriger als bisher war das Leben auch deshalb geworden, weil Bianca und er inzwischen einen Sohn hatten. Nach dem Verlust ihres Hauses lebte Bianca mit dem Kind bei ihren Eltern, während Jochen für die Übergangszeit in einer Pension wohnte. Wie gesagt, Bianca hatte ihre Bereitschaft erklärt, mit Jochen mitzugehen. Aber an dem Tag, als er sie verabredungsgemäß abholen sollte, saß sie stocksteif mit unbewegter Miene auf dem Sofa im Wohnzimmer ihrer Eltern und erklärte ihm kühl, ja frostig, daß sie nicht mitkäme. Sie sei nicht bereit, mit ihm, einem "finanziellen Versager", in eine ungewisse, materiell völlig ungesicherte Zukunft zu gehen. Das sei sie auch ihrem Kind schuldig. Für seine Erwiderung, daß es ja auch sein Kind sei, hatte sie nur ein müdes Lächeln übrig und die abfällige Bemerkung: "Du bist doch nicht einmal fähig, für ihn zu sorgen." Jochen wußte, daß Bianca nur als Sprachrohr ihrer Mutter fungierte, daß sie unfähig war, dieser bullig-brutalen Person ein Nein entgegenzusetzen. Aber er wußte auch, daß sein Einfluß auf Bianca gegen Null tendierte. Daher gab er praktisch kampf- und widerstandslos auf und verließ wie erschlagen das Haus ihrer Eltern und sie.

Jochen zog allein weg. Er wohnte inzwischen in Untermiete in einem schäbigen, alten Mietshaus in einer deutschen Großstadt, in der ihn niemand kannte. Seine früheren Freunde und Bekannten hätten ihn auch kaum mehr wiedererkannt. Er war psychisch und körperlich ziemlich heruntergekommen. Daß seine Frau ihn so kalt abserviert hatte, hatte ihn schwer getroffen, auch wenn er sich das aus einem letzten Rest von Stolz nicht eingestehen wollte. Seine Schlappe versuchte er auch dadurch zu kompensieren, daß er mit verschiedenen Frauenspersonen, die nicht gerade aus der feinsten Gesellschaftsklasse kamen, anzubändeln versuchte. Aber auch das gelang nicht, er versprühte keinen Charme mehr, ihm fehlte die Aura des Erfolgreichen. So vegetierte er dahin. Von Zeit zu Zeit rief Bianca an, der er seinen Aufenthaltsort mitgeteilt hatte. Zunächst hatte er sich über ihre Anrufe gefreut. Als sie aber bei jedem Anruf dieselbe Frage stellte, nämlich die, ob er schon eine neue Anstellung habe und Bianca und ihrem Sohn eine "gutbürgerliche Existenz" garantieren könne, legte er inzwischen den Hörer nur noch auf, wenn er ihre Stimme am Telefon hörte. Seine Situation war aber auch besch... Seine priesterliche Existenz hatte er aufgegeben, und seine Ehe war praktisch auch gescheitert. Auch die Zukunft sah grau aus. Wie sollte es denn auch künftig beruflich oder privat besser laufen? Er war ja kein willensstarker, kreativer und innovativer Typ, und er vermißte den festen Rahmen, in dem sein Dasein als Priester innerhalb der Kirche verlaufen war.

Ein paar Monate, nachdem ihm Bianca den Laufpaß gegeben hatte, erhielt er zu seinem maßlosen Erstaunen von ihr ein Telegramm folgenden Inhalts: "Hole mich 19.15 vom Flughafen ab. Ich komme zu Dir zurück, Bianca". Wie Balsam wirkte diese Nachricht auf die psychischen Wunden, die ihm die Trennung von seiner Frau geschlagen hatte. Einen Teil seiner Selbstachtung erhielt er auf diese Weise wieder zurück. Doch eine weitere Enttäuschung wartete bereits auf ihn. Als er in der großen Halle des Flughafens auf sie wartete, erschien die lebenslustige Bianca Arm in Arm mit einem eleganten Gigolo, den sie, wie sie später behauptete, erst im Flugzeug kennengelernt haben wollte. Mit einem Küßchen verabschiedete sie sich von ihm und kam erst dann auf einem Umweg auf Jochen zu. Als er sie fragte, warum sie denn nicht direkt zu ihm hingegangen sei, antwortete sie schnippisch: "Schau Dich doch mal an. Soll meine neue Bekanntschaft einen so schäbig gekleideten Typ wie Dich für meinen Ehemann halten?" Den Sohn Alexander hatte Bianca auch nicht mitgebracht. "Der ist", erklärte sie kategorisch, "bei Mama besser aufgehoben, wo Du doch praktisch wie ein Asozialer lebst." Jochen schluckte auch diese Demütigung.

Er, der in den letzten Monaten sexuell auf Sparflamme gelebt hatte und diesbezüglich echt ausgehungert war, hatte sich natürlich auch auf die körperliche Vereinigung mit seiner Frau gefreut, aber als sie die billigen, häßlichen zwei Zimmer sah, die er nun bewohnte, war sie ganz Abwehr und Widerstreben gegen all seine Annäherungsversuche. "Das ist doch hier alles weit unter meinem Niveau!", schimpfte sie. Nur mit äußerster Anstrengung gelang es Jochen, sie zurückzuhalten, sonst hätte sie auf der Stelle seine Wohnung verlassen. "Da hat mich dieser Mann, den ich im Flugzeug kennengelernt habe, in seine komfortable Villa eingeladen und ich Idiotin lehne ab, weil ich doch nicht wissen konnte, daß Du derart miserabel wohnst", klagte sie. "Na ja, es ist schon spät. Eine Nacht lang werde ich es hier wohl aushalten." Frustriert gingen sie schließlich zu Bett.

Aber diese Frau, die offenbar einen Großteil ihrer Sinnlichkeit von ihrer üppigen und megavitalen Mutter geerbt hatte, konnte dann doch eine lange Nacht hindurch ohne Sex nicht auskommen. Mitten in der Nacht umschlang und küßte sie "ihren" Jochen, der es nach all den Demütigungen gar nicht gewagt hätte, sie anzurühren. Jetzt aber, da sie den ersten Schritt getan hatte, wurde er immer mutiger und stürmischer. Der ganze Frust der letzten Monate strömte in seine Sexualität ein, die Bianca zu einem um Atem ringenden, fast ohnmächtig in seiner Umklammerung liegenden Objekt seiner Attacken auf ihren schönen Körper machte. Aber sie genoß das alles so sehr, daß sie ihm am Morgen nach dieser Nacht, an dem sie an sich doch wieder von ihm weggehen wollte, mitteilte, daß sie bleiben möchte. "Einen solchen Liebhaber habe ich schon lange nicht gehabt", verplapperte sie sich. Jochen hakte sofort nach: "Also hast Du in der Zwischenzeit andere Männer gehabt?" Sie leugnete es nicht. "Aber es war nichts Ernstes", versuchte sie abzuschwächen. Jochen vermochte keine Achtung mehr vor ihr zu haben. Er vögelte sie nur noch ganz körperlich-fleischlich in den folgenden Nächten, aber das geistige Band zwischen ihnen war zerrissen. "Dieses Weib hast Du", sagte er zu sich selbst, "ohnehin nur, wenn Du auf ihr liegst. Sobald Du nicht mehr bei ihr bist, hat sie doch schon einen anderen. Also genieße ihr süßes Fleisch, solange sie noch da ist!" Jochen gab sich keinen Illusionen mehr hin. Er wußte, daß sie auf die Dauer nicht bei ihm bleiben würde.

Trotzdem gab ihm die sexuelle Erfüllung, die ihm die Nächte mit Bianca gewährten, auch wieder neuen Lebensmut. Er bemühte sich jetzt energischer um eine Anstellung. Und er hatte Glück. Ein mittelgroßer Verlag, der auch theologische, religiöse und esoterische Literatur in seinem Angebot führte, stellte ihn als Lektor für dieses Ressort ein. Sein Gehalt war nicht üppig, aber doch so, daß er sich jetzt eine größere, schönere Wohnung leisten konnte. "Jetzt kann auch", sagte er zu Bianca, als sie die neue Wohnung bezogen hatten, "unser Sohn zu uns kommen." Bianca war einverstanden, und sie fuhren also zu ihrer Mutter, seiner Schwiegermutter, um Alexander, der inzwischen drei Jahre alt war, abzuholen. Aber Anna dachte gar nicht daran, den Enkel auszuhändigen. Diese Frau, die nie gelernt hatte, zwischen »Mein und Dein« zu unterscheiden, sah ihn als ihr Eigentum an, betrachtete und behandelte ihn nicht einmal als ihren Enkel (dazu fühlte sie sich zu jung!), sondern in jeder Hinsicht als ihren Sohn, der ihr ganz und gar gehörte. Sie hatte Alexander, um ihn an sich zu ketten, maßlos verwöhnt und mit tausenderlei Geschenken überhäuft. Jochen sah, daß der Junge völlig unerzogen war: launisch, frech, aggressiv, übersensibel, hysterisch, daß er sich gegenüber seiner Großmutter alles erlauben durfte, weil diese glaubte, ihn auf diese Weise noch fester an sich binden zu können. Er verrichtete z.B. seine Notdurft ostentativ mitten in Annas elegantem Wohnzimmer und lachte sich dann halbtot, wenn sie, ohne ihm deshalb Vorwürfe zu machen, den Haufen wegmachte.

Jochen war klar, daß das Kind in den Händen dieser Frau zu einem verantwortungslosen Narzißten und Egoisten verkommen mußte. Ein paar Tage schon weilten Bianca und Jochen bei Anna zu Besuch und bestaunten die komischen "Erziehungs"-Methoden dieser Frau. Da Anna den Jungen partout nicht herausgeben wollte, wartete Jochen einen günstigen Moment ab und kidnappte seinen eigenen Sohn. Doch wenn er glaubte, die Sache wäre damit ausgestanden, so hatte er wiederum seine Schwiegermutter unterschätzt. Die setzte Himmel und Hölle in Bewegung, um ihren "Sohn" wiederzubekommen. Erst erhielt Jochen einen Brief ihres Rechtsanwalts, in dem dieser Jochen aufforderte, das Kind sofort wieder herauszurücken, da es seelischen Schaden nehmen werde, weil es so lange bei der Großmutter gelebt habe und plötzlich aus der gewohnten Umgebung herausgerissen worden sei. Gedroht wurde in dem Brief auch mit einem Gerichtsprozeß. Als Jochen auf das Ultimatum, das ihm der Anwalt gestellt hatte, nicht reagierte, schaltete Anna das Jugendamt ein. Bei dem hatte Anna angegeben, daß Jochen ein asozialer Arbeitsloser sei, der in ganz chaotischen Verhältnissen lebe, auch eine heillose Unordnung in seiner Wohnung habe und deshalb völlig unfähig sei, dem Kind eine echte Heimstatt zu bieten. Der Dame vom Jugendamt konnte aber Jochen den Beweis liefern, daß er einer geordneten Tätigkeit nachgeht, und sie konnte sich auch davon überzeugen, daß sich die Wohnung, die er mit seiner Frau und Alexander bewohnte, in einem ordentlichen Zustand befand, obwohl der Besuch der Vertreterin des Jugendamtes völlig unerwartet erfolgt war.

Die Schwiegermutter Jochens scheiterte also vorerst mit ihren Bemühungen, Alexander wieder unter ihre Fittiche zu bekommen. Aber wir lernten sie ja bereits als eine Frau kennen, die nie aufgibt. Jochen war zwar im Moment stolz, endlich einmal einen Sieg über diese sonst alles niederwalzende Walküre davongetragen zu haben. Aber er sollte sich noch wundern. Den letzten, endgültigen Sieg würde sie an ihre Fahnen heften. Davon war sie überzeugt und so sollte es auch kommen. Sie verlegte sich nun auf eine Langzeitstrategie, die in zwei Richtungen ging. Einerseits bearbeitete sie ihre Tochter systematisch mit Telefonaten, Briefen und im Rahmen von

Besuchen Biancas bei ihr dahingehend, sich doch von Jochen scheiden zu lassen. Sie, Bianca, sei doch so schön, habe also einen viel reicheren, angeseheneren Mann als Jochen verdient, der es nie zu größerem Wohlstand bringen werde. Sogar Annoncen hatte Anna in verschiedene Zeitungen gesetzt, z.B. die: "Suche Millionär für meine klassisch schöne Tochter." Anna war überzeugt: Wenn sich Bianca scheiden ließe und zu ihr zurückkehrte, dann bekäme sie auch Alexander wieder, denn ihre Tochter war an dem Kind nicht sonderlich interessiert.

Die andere Stoßrichtung von Annas Strategie bezog sich direkt auf Alexander. Der durfte sie jetzt, wo er so weit entfernt von ihr lebte, auf keinen Fall vergessen. Also schickte sie ihm weiterhin ganz teure, ihm außerordentlich imponierende Geschenke. Außerdem telefonierte sie tagtäglich mit ihm. Jochen war zwar dagegen, aber da Bianca dafür war und ihm drohte, ihn mit dem Jungen zu verlassen, wenn er ihrer Mutter "nicht einmal dieses harmlose Vergnügen eines Gesprächs mit ihrem Enkel gestatte", blieb ihm keine andere Wahl. Er mußte diese Telefonate dulden, obwohl Anna dabei immer wieder Jochen vor Alexander heruntermachte.

Mit der Zeit sollte diese systematische Methode, den Vater in den Augen des Sohnes schlechtzumachen, Früchte tragen. Sie schreckte vor dem Kind auch davor nicht zurück, ihm die infamsten Lügen über den Vater zu erzählen. Er sei ein Lügner, Betrüger und Blender, habe in Wirklichkeit gar nicht das Abitur gemacht und auch nicht studiert. . "Er wird Dir zwar", fügte sie raffinierterweise hinzu, "seine Schul- und Studienzeugnisse zeigen, aber die sind alle gefälscht! Du brauchst also nicht die geringste Achtung vor ihm zu hegen. Dein Vater ist völlig ungebildet, der hat nur ein paar auswendig gelernte Sprüche drauf, aber er ist kein wirklicher Akademiker." Vor Akademikern hatte Anna einen Heidenrespekt, weil sie selbst ungebildet war. Ihr Minderwertigkeitskomplex gegenüber Akademikern erlaubte es nicht, den verhaßten Schwiegersohn als Akademiker anzuerkennen. Also sprach sie ihm vor Alexander alles ab, was diesem am Vater hätte imponieren können.

Lag's an den Genen, am Erbmaterial Alexanders? Oder lag's daran, daß er drei Jahre lang von Anna "erzogen" worden war? Jedenfalls wurde Alexander mit der Zeit immer anspruchsvoller, "materialistischer", wie sein Vater zu sagen pflegte. Längst konnte dieser seine teuren Wünsche nicht erfüllen, während jeder Hilferuf Alexanders wegen einer von ihm gewünschten Neuanschaffung von der Großmutter sofort erhört wurde. "Du kannst mir nichts bieten, Du bietest mir zu wenig", war ein permanent erhobener Vorwurf Alexanders an die Adresse seines Vaters. Mit 12 Jahren, neun Jahre, nachdem ihn der Vater gekidnappt hatte, floh Alexander aus dem Elternhaus und kehrte zu seiner Großmutter zurück, die es ihm aber nicht erlaubte, sie mit "Großmutter" anzusprechen. "Sag 'Mama' oder 'Mutter' zu mir", befahl sie ihm, was Alexander angesichts der Annehmlichkeiten, die sie ihm ansonsten bot, auch gern befolgte. Zu seiner wirklichen Mutter hatte er ohnehin nie eine tiefere Bindung aufgebaut.

Bianca war zwar oberflächlich und vielleicht auch tieferer Gefühle nicht fähig, aber auf ihre Weise liebte sie ihren Sohn und war deshalb, wahrscheinlich zum ersten Mal in ihrem Leben, auf ihre Mutter ernstlich böse, weil die sich hartnäckig weigerte, Alexander zu ihr zurückzuschicken. Jochen freute sich sogar darüber, weil er hoffte, daß sich jetzt möglicherweise die Gelegenheit einer echten Emanzipation der Tochter von der Mutter ergeben würde. Bianca war so empört über ihre Mutter, daß sie zum Amtsgericht ging und eine einstweilige Verfügung gegen sie erwirkte. Aufgrund dieser Anordnung des Gerichts hatte Anna die Pflicht, den Jungen sofort an die Eltern zurückzugeben. Mit dem Schreiben des Gerichts fuhren also Bianca und Jochen zu Annas Haus und verlangten die Herausgabe ihres Sohnes. Aber Anna hatte vorgebaut und die Art, wie sie das machte, bewies

Jochen erneut, daß seine Schwiegermutter ein rücksichtsloses, über Leichen gehendes Ungeheuer war. Sie hatte nämlich ihrem Enkel, den sie nach seiner Ankunft ganz neu und elegant eingekleidet hatte, was dem eitlen Burschen sichtlich gefiel, befohlen, haltlos und ausdauernd zu schreien, zu brüllen, zu heulen und um sich zu schlagen, sobald die von ihr herangerufene Vertreterin des städtischen Jugendamtes ins Haus kommen würde. Die Dame war entsetzt und geschockt, als sie den Jungen in diesem Zustand antraf und ordnete sofort seine Einweisung in eine Nervenklinik an. Anna frohlockte und triumphierte, denn jetzt standen ihre Tochter und der verhaßte Schwiegersohn mit leeren Händen da. Die einstweilige Verfügung des Gerichts war gar nicht durchführbar, weil die Einweisung des Jungen in die Nervenklinik Priorität hatte. Daß Anna dem Jungen damit keinen Dienst erwiesen hatte, weil sie ihn zu dieser schändlichen und für seinen Charakter schädlichen Hysterie und Schauspielerei gezwungen hatte, störte sie keineswegs. Auch vor dem ihn untersuchenden Nervenarzt spielte Alexander seine Rolle perfekt. Der Arzt war empört, als er von Alexander hörte, wie schlecht und ungerecht ihn seine Eltern behandelt hatten, so daß er zu seinen Großeltern habe flüchten müssen.

Bianca und Jochen begaben sich zur Nervenklinik und verlangten ein Gespräch mit dem diensthabenden Arzt. Es war derselbe, dem ihr Sohn die haarsträubenden Geschichten über seine Eltern aufgetischt hatte. Jochen hielt sich in dem Gespräch merklich zurück, als er zu seinem Erstaunen, aber auch zu seiner Freude bemerkte, daß die noch immer wütende Bianca ihre Mutter in aller Form und mit allen möglichen Argumenten schwerstens belastete. Ihre Mutter wolle ihr den Jungen wegnehmen und habe die ganze widerliche Geschichte inszeniert, sie habe aus dem Jungen, den sie mit teuren Geschenken ködere, ein willfähriges Werkzeug ihrer eigenen Interessen gemacht. Der Arzt ließ sich überzeugen. Alexander mußte auf seine Anordnung hin wieder zu seinen Eltern zurück.

Anna hatte also eine weitere Niederlage hinnehmen müssen. Aber sie gab trotzdem nicht auf, sie setzte jetzt auf den an jeder Ehe nagenden Zeitfaktor. Tatsächlich kühlte sich das Verhältnis zwischen Bianca und Jochen jeden Tag merklicher ab. Wenn er am Abend aus dem Dienst kam, war er müde, abgespannt, zu größeren Unternehmungen nicht mehr bereit. Sie aber wollte ausgehen, auf Partys und in eleganten Restaurants glänzen, wollte ihre Schönheit von anderen Männern bewundern lassen. Da sie ihr Gatte so "vernachlässigte", ließ sie sich abends eben von "Freunden" ausführen. Eines Tages kam Jochen nach Haus und mußte feststellen, daß sie ihn mit Sohn Alexander für immer verlassen hatte, wie er einer Nachricht entnahm, die sie ihm zukommen ließ. Zwar fuhr er ihr nach, er wußte ja, wo er sie finden konnte, nämlich bei ihrer Mutter, von der sie wieder - nach einer kurzen Phase von Loslösungsversuchen - ganz abhängig war, zu der sie sich wie ein armes Würstchen immer hinflüchtete, wenn sie sich in Schwierigkeiten befand. Aber als Jochen in das Haus seiner Schwiegereltern Einlaß begehrte, öffnete Anna lediglich das Fenster und bedeutete ihm eiskalt, daß seine Frau und sein Sohn nichts mehr mit ihm zu tun haben wollten und ihn nicht mehr zu sehen wünschten. Um dem Scheidungsbegehren und dem Antrag auf das totale Sorgerecht für Alexander (also auch ohne jegliches Besuchsrecht des Vaters) noch mehr Gewicht zu verleihen, schreckten Anna und die ganz in ihrem Fahrwasser schwimmende Bianca nicht einmal davor zurück, zu behaupten, Jochen habe seine Frau mehrmals geschlagen und versucht, seinen Sohn sexuell zu mißbrauchen.

Jochen hat nach der vom Gericht ausgesprochenen Scheidung seine Frau und seinen Sohn nicht mehr wiedergesehen. Inzwischen sind Jahre vergangen. Er lebt als Single mit gelegentlichen Frauenkontakten noch immer in jener Wohnung, die Bianca und Alexander seinerzeit verließen, um nie mehr zurückzukehren. Er würde nie mehr heiraten, sagte er zu mir. Die Ehe habe ihm ebensowenig Glück gebracht wie der Zölibat. Sarkastisch fügte er hinzu, daß bei seiner ganzen Zölibats- und Ehegeschichte nur eine profitiert und triumphiert habe: seine famose Schwiegermutter, dieses "Monster", das sein Leben "total verdorben und zum Scheitern verurteilt" habe.

Zehntes Kapitel

Der Kardinal, die Finanzen und die Mätressen

Henry Koudry war nur eine relativ kurze Zeit naiv und gutgläubig. Dann hatte er sein Erleuchtungserlebnis. Bis zu diesem Erlebnis hatte er die Ansprachen und Meditationsanweisungen des Spirituals seines Priesterseminars für bare Münze gehalten. Der konnte so schön und engagiert über den Opfercharakter des Priesters sprechen, darüber, daß der Priester die äußerste Bereitschaft zur inneren Armut aufbringen müsse, d.h. stets bereit zu sein habe, alles, sich selbst und was er besitze, an die Mitmenschen zu verschenken, zu verströmen, um allen alles sein zu können. Henry hing an vielen Dingen und sagte sich realistischerweise, daß es ihm schwerfiele, ja teilweise ganz unmöglich wäre, alles herzugeben. Deswegen bewunderte er in gewisser Weise den Spiritual, der offenbar geistig und ethisch so weit fortgeschritten war, daß er an keiner Sache dieser Welt mehr hing.

Dem Spiritual war nicht verborgen geblieben, daß ihn Henry bewunderte. Er war selber nur Priester geworden, weil er sich zu Frauen in keinerlei Weise hingezogen fühlte, dafür um so mehr zu Knaben und jungen Männern. Und er hatte sehr früh erkannt, daß man wahrscheinlich nirgendwo sonst auf der Welt die Liebe zum gleichen Geschlecht so unverdächtig leben und praktizieren konnte wie unter Priestern und Priesteramtskandidaten, denen nur die Liebe zu Frauen permanent als verdächtig und verboten hingestellt wird. Zwar wußte der Spiritual, daß praktizierte Homosexualität von der Amtskirche als Todsünde angeprangert wird, aber er hatte im Laufe seines Priesterlebens auch eine Reihe hochgestellter kirchlicher Persönlichkeiten - Prälaten, Bischöfe und Erzbischöfe - kennengelernt, die eindeutig homophil waren und diese Homo-Philie, d.h. die Liebe und Freundschaft zum gleichen Geschlecht als gottgegeben, ja als Gottes Geschenk und Gnade ansahen, weil sie dadurch der »Gefahr durch die Frau« und damit der Übertretung des Zölibatsgesetzes der Kirche enthoben waren. Homophilie, die Neigung zu Männern, ist ja keine Sünde, hatte so mancher Priester betont, mit dem der Spiritual in eine engere Freundschaft getreten war. Eine Sünde sei nach dem Kirchenrecht nur die praktizierte Homosexualität, die reale Tat am gleichgeschlechtlichen Objekt. Natürlich wohne der Homophilie eine innere Tendenz zur auch praktizierten Homosexualität inne und manchmal passiere es deshalb, daß man von der Neigung zur Tat schreite, aber das sei dann eine Sünde wie jede andere, die eben gebeichtet werden müsse. "Wenn Gott", hatte dem Spiritual ein Monsignore gesagt, "diese Neigung zu Männern in mich hineingelegt hat, dann mußte er auch damit rechnen, daß sich diese Neigung bisweilen massiv Ausdruck verschafft. Die letzte Verantwortung für so etwas trägt also der liebe Gott selbst, weil er der Schöpfer, die Erstursache von allem ist."

Der Spiritual hatte also viele kirchliche Vorbilder für Homophilie und auch mitunter praktizierte Homosexualität und so empfand er auch keinerlei Hemmungen, den jungen Mann Henry Koudry, der ihn so bewunderte, zu umgarnen. Er lud ihn in sein Haus, das sich nicht weit vom Priesterseminar befand, ein und bewirtete ihn großzügig und mit den feinsten Speisen sowie einem großartig schmeckenden Wein. Henry konstatierte mit Vergnügen und Genuß den enormen Unterschied zur bescheidenen Seminarkost. Was ihm aber noch entscheidender auffiel und sein Erleuchtungserlebnis ausmachte, war der Umstand, daß der bisher von ihm so bewunderte und die Armut derart lobpreisende Spiritual in höchstem Luxus lebte. In allen sechs Wohn-Räumen, die ihm der Spiritual stolz zeigte, hingen wertvolle Gemälde, kostbare Skulpturen standen in allen Ecken und die Möbel mußten ein Heidengeld gekostet haben.

Fast erdrückt war Henry von dem Reichtum und Luxus, mit dem sich der Spiritual umgeben hatte. Henry wagte dann doch die Frage, wie denn dieser Reichtum mit dem zu vereinbaren sei, was der Spiritual über den Opfer- und Armutscharakter des Priesters gesagt hatte. Der Spiritual war um eine Antwort keineswegs verlegen: "Wenn Du richtig zugehört hättest, mein Sohn, dann hättest Du bemerkt, daß ich so gut wie immer von der >inneren Armut< gesprochen habe, die den Priester auszeichnen müsse. Die äußere Armut, mein Lieber, ist gar nichts, sie ist für den eigentlichen Wert des Menschen völlig unwichtig. Es gibt so viele Arme auf der Welt, die eben nur äußerlich arm sind, weil sie das Schicksal dazu verdammt hat. Die sind aber innerlich gerade nicht arm, weil sie gar nicht von ihrer Gesinnung her arm sein wollen, weil sie im Gegenteil reich sein möchten, in Wirklichkeit konsum- und geldgeil und habgierig sind, nur eben durch die äußeren Umstände daran gehindert werden, ihre materialistischen Ziele auch zu erreichen. Innere Armut aber besagt: Du kannst alles haben, allen Luxus genießen, Du darfst bloß Dein Herz nicht daran hängen, mußt das alles mit einer gewissen Gelassenheit und Lockerheit betrachten und behandeln, mußt letztlich immer darüber stehen. Erst diese Haltung ermöglicht im Grunde den echten Genuß aller Dinge. Das meinte sicherlich auch Jesus, als er in der Bergpredigt sagte: 'Selig die Armen im Geiste, denn ihrer ist das Himmelreich.' Oder denkst Du etwa, daß er mit Armut im Geiste die Dummheit gemeint hat? Mit Sicherheit nicht!"

Henry hatte verstanden. Mit einem Mal war ihm alles sonnenklar. In seinem Herzen, von seiner Anlage her war er ohnehin zutiefst eine pragmatische, materialistische, anti-idealistische Natur. Deswegen hatte er auch stets ein deutliches Unbehagen in sich verspürt, wenn der Spiritual des Priesterseminars so hochgestochen Geistiges von sich gab. Henry stammte aus einer sehr armen, aber auch sehr frommen Familie. Er war der einzige »Studierte« in ihr, und sein Studium hatte zum großen Teil sein Heimatpfarrer finanziert, freilich immer mit der mehr oder weniger deutlich geäußerten Bedingung, daß er Priester werden müsse. Der Weg zum Priesteramt war für Henry also im Grunde die einzige Chance, in eine höhere soziale Schicht vorzustoßen. Die Ausführungen des Spirituals löschten nun in ihm alle Skrupel, die er von Zeit zu Zeit hatte, weil er doch den Priesterberuf nur als Mittel zum Zweck benutzte, ohne eine innere Berufung zum Priester in sich zu verspüren. "Der" (gemeint war der Spiritual), sagte er sich, "benutzt doch seinen Beruf auch nur als Mittel zum Zweck eines sorgenlosen, luxuriösen Genußlebens, und wahrscheinlich machen das die anderen hochwürdigsten Herren ebenso!" Sehr genau beobachtete und prüfte Henry in der Folgezeit die Worte und die Taten kirchlicher Vorgesetzter, und er konnte dabei immer wieder die Bestätigung seiner Vermutung erleben.

Immer öfter lud der Spiritual den jungen Mann in sein Haus ein. Wenn Henry kam, "begrüßte" ihn der Spiritual von Mal zu Mal herzlicher. Das heißt: Er tätschelte seine Hände, küßte ihn auf die linke und die rechte Wange, einige Zeit später auch auf die Stirn und die Augen, drückte ihn immer heftiger an sich. Noch einige Zeit später, bei weiteren Besuchen, glitten die Hände des Spirituals wie zufällig auch auf die unteren Regionen von Henrys Körper herab, auf seine Oberschenkel, sein Gesäß und schließlich berührte er durch die Hose auch Henrys Glied.

In dem jungen Mann sträubte sich zunächst alles dagegen. Es war nicht das erste Mal, daß er homosexuelle Annäherungsversuche abwehren mußte. Er sah gut aus, hatte einen kräftigen Körper mit breiten Schultern, was offenbar gerade auf einige zart aussehende, schwächliche Seminaristen mit homosexuellen Neigungen einen anziehenden Eindruck machte. Aber keiner von diesen hatte sich bisher so massiv an ihn herangemacht wie der Spiritual. Henry spürte das Dilemma: Einerseits war ihm das, was der Vorgesetzte da mit ihm machte, äußerst zuwider. Andererseits erkannte der

Pragmatiker in Henry hier eine einzigartige Chance. Er wußte, daß der Spiritual gute Verbindungen zu zahlreichen hohen Kirchenvertretern unterhielt. Wenn er, Henry, sich jetzt ablehnend verhielt, war es mit seiner Kirchenkarriere aus. Ließ er aber diese Schweinereien, wie er es nannte, des Spirituals über sich ergehen, dann konnte er mit einer "guten Zukunft" in den oberen Rängen der Kirchenhierarchie rechnen. Einige Tage überlegte Henry hin und her. Dann entschied er sich für die Karriere.

Nachdem Henrys Entscheidung gefallen war, bemerkte auch der Spiritual, daß der Widerstand des Seminaristen gegen seine Annäherungsversuche wesentlich abgenommen hatte. Jetzt konnte er sogar dessen Hose öffnen, ohne daß der junge Mann gegenreagierte. Schließlich landete Henry auf dem breiten Bett im luxuriös ausgestatteten Schlafgemach des Spirituals und ließ es geschehen, daß der Vorgesetzte sich ungestüm auf ihn warf und seinen ganzen, jetzt entblößten Körper mit Küssen bedeckte. Am Ende masturbierten beide aneinander, miteinander, durcheinander, und Henry fand das Ganze gar nicht mehr so widerlich, sondern teilweise sogar lustvoll.

Der Spiritual war nicht undankbar. "Ich habe gespürt", sagte er zu Henry, "wie schwer es Dir gefallen ist, Deine inneren Widerstände zu überwinden. Aber jetzt hast Du es ja auch erlebt: Es ist nichts Schlimmes dabei. Zwei Körper wollen zueinander. Ob es sich da um einen weiblichen und einen männlichen Körper oder zwei männliche Körper handelt, das ist doch egal. Die Lust ist die gleiche, und der liebe Gott muß das Lustprinzip wohl auch gewollt haben, sonst gäbe es doch diese Lust nicht bei der Annäherung zweier Leiber. Aber weil Du diesen Sprung zu mir hin, der Dir anfangs einige Mühe bereitete, geleistet hast, will ich Dir auch dankbar sein und Deinen Weg als künftiger Priester begleiten und fördern." "Was kannst Du denn am besten, in welcher Richtung bist Du besonders begabt?", fragte er den jungen Mann. Der wies nach einem Moment des Überlegens darauf hin, daß er theoretisch nicht so viel drauf habe, dafür aber fürs Rechnerische, Geschäftliche, Buchhalterische, Administrative eine starke Anlage verspüre. "Das ist ja prima", reagierte der Spiritual erfreut, "der Prokurator unseres Seminars ist doch eine ziemliche Niete. Ich setze durch, daß Du ihm zur Hand gehst." Tatsächlich fand der Prokurator, der Mann für alle Geschäfts- und Wirtschaftsangelegenheiten des Priesterseminars, keinen sonderlichen Gefallen an seinem Job, zu dem man ihn als zum Gehorsam verpflichteten Priester einfach abkommandiert hatte. Also war auch er erfreut, daß ihm Henry einen Teil der Arbeit abnehmen wollte. Der machte seine Sache so vorzüglich, daß der Regens des Priesterseminars nach Henrys Priesterweihe dem Generalvikariat signalisierte, daß der junge Priester eine außerordentliche Begabung in Richtung auf die Verwaltung der irdischen Angelegenheiten der Kirche darstelle. Er schlug vor, Henry ein bis zwei Jahre als Seelsorgepriester in einer Pfarre arbeiten zu lassen, ihn danach aber in die Finanzabteilung des Generalvikariats zu berufen.

So geschah es denn auch. Henry erhielt nach einem Jahr Seelsorgearbeit einen Posten im Finanzressort der Diözesanverwaltung und gar nicht viel später avancierte er unter der Sonne des Wohlwollens seines ihn immer noch für seine körperliche Befriedigung brauchenden Spirituals und dessen Freunden in der Hierarchie sogar zum obersten Finanzchef des ganzen Bistums. Henry war nie ein ideal gesinnter, vergeistigter Mensch gewesen. Inzwischen aber war er vollends zum eiskalten Zyniker geworden. Der Zynismus war sein Schutzwall gegen alle höheren Regungen, die sich von Zeit zu Zeit doch in ihm meldeten, auch gegen die Gewissensbisse, die sich manchmal, wiewohl immer seltener in ihm regten und ihm den Vorwurf nicht ersparten, sich um der Kirchenkarriere willen wie eine Hure benommen zu haben. Glücklicherweise - so empfand es Henry - starb der Spiritual infolge eines Verkehrsunfalls und schon kurze Zeit später liierte sich der inzwischen zum Prälaten beförderte Henry mit einer Dame aus den besten Kreisen der Bischofsstadt, die er auf einem Empfang für die geistlichen und weltlichen Honoratioren der Stadt kennengelernt hatte. Henry war raffiniert genug, es fertig zu bringen, sein Verhältnis möglichst lange geheim zu halten. Noch war ja sein Appetit auf höhere Kirchenämter nicht gestillt.

Im Finanziellen hatte Henry ein ausgesprochen glückliches Händchen. Durch geschickte Aktienkäufe und -verkäufe, auch durch skrupellose Bereitstellung einiger Diözesankonten für das Waschen von Drogengeldern hatte er das Vermögen des Bistums, dessen Finanzchef er war, um das Neunfache vergrößert. Das sprach sich auch bei anderen Bischöfen herum, und so dauerte es gar nicht lange, da avancierte Henry zum Schatzmeister der Gesamtkirche seines Heimatlandes. Doch auch das war noch nicht die Endstation seines Ehrgeizes. Ein Mann, der sich so besorgt um das materielle Wohl der Kirche bemühte, konnte ja wohl auch kein Versager sein, wenn es um die Betreuung der Seelen ging. Also wurde Henry auch Bischof, schließlich sogar Erzbischof der reichsten Diözese seines Landes. Jetzt kannte seine Machtarroganz keine Grenzen mehr. Er hielt sich für den Papst seines Landes, Kritik seitens der Mitbrüder im Bischofsamt ließ ihn kalt, die Priester seiner Erzdiözese traktierte er wie Sklaven. Jene unter ihnen, die ihm nicht paßten, setzte er kurzerhand und ohne Altersversorgung auf die Straße.

Auch seine Geliebte hatte er abserviert und durch eine jüngere Schönheit ersetzt. Als erstere drohte, das publik zu machen, was er mit ihr im Bett angestellt hatte, verwies er nur höhnisch lächelnd auf die Killer der Mafia, zu der er die besten Beziehungen habe. Die abservierte Geliebte bekam's mit der Angst zu tun und sagte in der betreffenden Hinsicht kein Sterbenswörtchen mehr. Die Neue, die er sich inzwischen ins kirchenfürstliche Bett geholt hatte, war viel jünger und schöner, und der allmählich alternde Henry war ihr rettungslos verfallen, weil sie jeden seiner immer perverser werdenden sexuellen Wünsche auf die raffinierteste Weise zu befriedigen vermochte. Ihm gefiel sogar, daß sie wie er keinerlei moralischen Hemmungen zu haben schien, daß »Gewissen« für sie offenbar ein Fremdwort darstellte und daß sie ebenso geldgeil war wie er. "Natürlich muß ich diese vitale Sau mit großzügigen Geldzuwendungen an der Stange halten", gestand er sich ein, "aber sie ist es ja auch wert, und ich habe doch das Geld." Das Geldvermögen der Kirche betrachtete und behandelte er als seine persönliche Habe, und so verwendete er es auch, nämlich indem er Millionenbeträge aus diesem Vermögen für sich und seine Geliebte verschwendete. Er kaufte ihr Grundstücke und Schlösser, garantierte ihr eine lebenslange Rente aus Bistumsgeldern. Die Klunkern, mit denen sie sich behängte, waren alle mit den Spendengeldern der braven Kirchenschafe bezahlt. Für andere Zwecke fehlten dann halt die Geldmittel. Ein paar caritative Einrichtungen seiner Erzdiözese ließ er deshalb einfach brutal schließen. Aber selbst für diese Maßnahmen fand er in seinem Hirtenbrief noch ein paar die Seelen seiner Gläubigen vertröstende Rechtfertigungsworte.

Priester seiner Erzdiözese nannten ihn hinter vorgehaltener Hand einen notorischen Lügner, Gauner und Betrüger, aber offenen Widerstand wagte keiner gegen ihn. Er war einfach zu mächtig, und er kannte keinerlei Skrupel, wenn er jemanden fertig machen wollte. Das war bekannt, und so mancher hatte es am eigenen Leib erfahren und konnte ein Lied davon singen. Vielen Geistlichen seiner Erzdiözese war auch bekannt, daß ihr oberster Vorgesetzter in seiner Geldgier keine Grenzen kannte und bei der Beschaffung immer neuer Vermögenswerte zu jeder "Connection", auch mit den dubiosesten Firmen und kriminellsten Vereinigungen, bereit war. Dabei ging er aber immer so raffiniert vor, daß es ihm meistens gelang, die genaue Höhe seiner Einkünfte gegenüber innerkirchlichen Kontrollinstanzen wie gegenüber der staatlichen Justiz seines Landes zu verschleiern. Wenn gar nichts mehr half, berief sich der Erzbischof in heiliger Entrüstung auf Gott und den Papst: "Nur Gott und Rom bin ich verantwortlich!"

Wie gesagt, so genau wußte niemand, wie hoch die Geld- und Vermögenswerte waren, über die dieser Mann verfügte, der zwischen den kirchlichen und den eigenen Einnahmen nie einen Unterschied machte. Aber man schätzte, daß sich die Einkünfte seiner Erzdiözese auf mehr als 250 Millionen Dollar im Jahr und auf ein Gesamtvermögen von über einer Milliarde Dollar beliefen. Beides sah er als seine persönliche Habe an und daher konnte er auch, wie erwähnt, Millionenbeträge für sich und seine Geliebte abzweigen. Schließlich wollte er mit ihr einen großzügigen Lebensabend verbringen, wenn er einmal nicht mehr in Amt und Würden sein würde. Freilich blieben auch Fehler und Mißgeschicke bei seinen Finanzaktionen nicht aus, die andere den Kopf gekostet hätten. Allein zwei Millionen Dollar Kirchengelder setzte er bei Börsenspekulationen in den Sand, auf weit über 60 Millionen Dollar beliefen sich inzwischen die ausgewiesenen Schulden seiner Diözese.

Mit alldem hätte sich fast jeder andere das Genick gebrochen. Nicht so Henry Koudry. Der hatte vorgebaut, wobei er sich in gewisser Weise sogar evangeliumsgemäß verhielt, denn hatte nicht sein Herr und Meister Jesus verkündet: "Macht euch Freunde mit dem ungerechten Mammon"? Im Freundemachen mit Hilfe liebenswerter Geldspritzen war dieser Kirchenmann tatsächlich ganz groß. Die Freunde mußten ganz oben positioniert sein, nämlich im Vatikan, denn nur der konnte ihm als oberstem Kirchenführer seines Landes das Handwerk legen. Also bestach Erzbischof Henry eine ganze Reihe hoher Kurienbeamter, ein paar Kurienkardinäle, eine größere Anzahl von Bischöfen und Prälaten, die im Vatikan tätig waren oder wichtige Beziehungen zu ihm unterhielten. Auf diese Weise verfügte Henry mit der Zeit über eine richtige eigene Hausmacht im Vatikan und konnte zahlreiche gegen ihn eingeleitete Kontroll- und Bestrafungsmaßnahmen bereits im Keim ersticken.

Dennoch war dieser famose Kirchenmann eigentlich untragbar geworden, und der Vatikan mußte befürchten, sein Gesicht zu verlieren, wenn er weiter zu ihm hielt. Das gangsterhafte Finanzgebaren dieses Kirchenfürsten war schon allzu vielen bekannt und konnte auch kaum mehr verheimlicht oder beschönigt werden. Außerdem ging nun auch die oberste staatliche Anklagebehörde seines Landes gegen den Erzbischof wegen seiner undurchsichtigen und dubiosen Finanzmanipulationen vor. Der Vatikan mußte also handeln. Er versuchte, den Erzbischof in die römische Kurie zu holen, um ihn aus der Schußlinie zu nehmen und versprach ihm daselbst ein einflußreiches Amt. Aber sowohl der päpstliche Abgesandte im Kardinalsrang, der ihn aufsuchte, um ihm die Überwechslung in die römische Kurie schmackhaft zu machen als auch ein Telefongespräch des Papstes höchstselbst stießen auf Granit. Erzbischof Henry dachte gar nicht an einen Verzicht auf seine gewaltige Macht in seinem Land, die in der Kurie bald auf ein klägliches Minimum zusammengeschmolzen wäre. Außerdem hätte er selbst als sehr hoher Kurienbeamter nur einen jämmerlichen Bruchteil dessen verdient, was zur Zeit monatlich in seine Taschen floß.

Aber jetzt wurde es auch dem Papst zuviel. Diese Hartnäckigkeit und Arroganz eines Untergebenen, auch wenn der im Rang eines Erzbischofs einer der mächtigsten Diözesen der Welt stand, machten ihn rasend. Da ohnehin seit langem eine päpstliche Visite auf dem Programm stand, beschloß der oberste Kirchenherr bei seinem längst fälligen Besuch, dem Erzbischof die Leviten höchstpersönlich zu lesen und die Sache ein für allemal zu bereinigen. Aber auch er hatte nicht mit der List, der Rafinesse und Schlitzohrigkeit von Erzbischof Henry gerechnet. Kaum war nämlich der Papst gelandet und aus dem Flugzeug gestiegen, da drückte ihm der Erzbischof ein "kleines persönliches Geschenk", d.h. ein Kästchen mit 50.000 US-Dollar, in die Hand, und schon war eine ganze Menge von der Wut und dem Zorn des Papstes auf seinen unbotmäßigen Vasallen wie weggeblasen. Aber selbstverständlich läßt sich ein Papst, der selber ein Privatvermögen von mehreren Millionen Dollar besitzt, nicht durch jämmerliche 50.000 Dollar bestechen.

"Sie haben", erklärte deshalb der Papst mit sehr ernster Miene, als ihn der Erzbischof in das prunkvollste Gästegemach seines Palais geleitet hatte und die Beiden sich nur noch allein gegenüberstanden, "mir zwar ein sehr nettes Geschenk überreicht, das ich als Zeichen Ihres guten Willens auch annehme. Aber die Sache ist damit natürlich keineswegs aus der Welt geschafft. Sie sind zum Skandal geworden und fügen der Mutter Kirche damit unermeßlichen Schaden zu. Sie haben deshalb ihren hiesigen Posten zu räumen und nach Rom zu kommen. Dort wird man Sie mit einer neuen Funktion betrauen." Der Erzbischof hatte mit dieser Art Allokution gerechnet. Kaltblütig rechnete er Seiner Heiligkeit vor, was er alles für die Kirche getan hatte, wieviele Millionen Dollar der Vatikan-Bank durch ihn zugeflossen waren, wieviele Geschäfte am Rande bzw. mit Überschreitung der Legalität diese Bank durch seine Vermittlung, seine guten Beziehungen zu mafiosen Organisationen getätigt hatte. "Das alles wird nicht mehr nach Rom fließen,wenn ich nicht mehr hier bin", gab der Erzbischof dem Papst zu bedenken, und er schreckte auch nicht davor zurück, ihm zu drohen: "Es wäre katastrophal, wenn die Verwicklung des Vatikans in all diese dunklen Geschäfte und Machenschaften ans Licht käme!" Als der Erzbischof noch hinzusetzte, daß er mit ein paar Millionen Dollar katholischen Diktatoren in Lateinamerika unter die Arme gegriffen und deren Herrschaft damit stabilisiert habe, war Seine Heiligkeit von den positiven Qualitäten dieses "großartigen Dieners der Kirche" schon fast restlos angetan. Der letzte Rest Aversion gegen den Erzbischof verflog, als der noch auf die Millionen Dollar hinwies, die er der Solidaritätsbewegung in Polen hatte zukommen lassen.

Weder flog also Erzbischof Henry nach Rom in den Vatikan noch flog er überhaupt von seinem erzbischöflichen Thron herunter. Im Gegenteil: Bald darauf ernannte ihn der Papst als seinen "geliebten Sohn" zum Kardinal. Wenn jetzt aber jemand gedacht hätte, daß der neu ernannte Kardinal doch tiefste Dankbarkeit dafür empfinden mußte, daß ihm der Papst verziehen und ihn sogar befördert hatte, dann irrte er gewaltig. Kardinal Henry war überzeugt, daß nicht er dem Papst und der Kirche, sondern diese ihm etwas schuldig waren, daß er viel mehr für die Kirche als diese für ihn getan hatte. In finanzieller Hinsicht stimmte das sogar.

So stark fühlte sich der neue Kardinal in seiner Machtfülle, die er in tiefen Zügen genoß, daß er seine Geliebte zu seiner feierlichen Kardinalserhebung ostentativ und provokativ mit nach Rom brachte, womit er den Papst und seinen ganzen päpstlichen Hof düpierte, ja schockierte. Denn für diesen gilt das ungeschriebene, aber stets gültige kirchliche Gesetz: "Si non caste, caute!" (wenn schon nicht keusch, dann wenigstens vorsichtig). Doch der Papst und seine Kurie schluckten auch dieses saure Bonbon, das ihnen Henry da verabreicht hatte. Zu groß waren seine finanziellen Verdienste für den Vatikan, aber auch die Gefahr, von Henry erpreßt und an den Pranger gestellt zu werden, wenn man ihn abgesetzt hätte.

Dem Mann war einfach nicht beizukommen. Dem Papst und seinen höchsten Dienern blieb nichts anderes übrig, als ihre Hand bis zuletzt über ihn zu halten, auch indem sie ihn vor den Anschuldigungen der Finanzbehörden seines Heimatlandes in Schutz nahmen. Kardinal Henry Koudry starb in Amt und Würden - und in den Armen seiner Geliebten, die bis zuletzt zu ihm hielt, da er ihr doch so viel vermacht hatte. Wenigstens diese Frau erwies sich als dankbar, während ihr Geliebter bis zuletzt Groll gegen seine

"Feinde", wie er sie nannte, hegte, auch gegen den "Papst und seine Clique in Rom", die ihn seiner Meinung nach nicht genügend gegen Angriffe in Schutz genommen hatten. Das von Gewissensbissen nicht ankratzbare Selbstbewußtsein dieses Kardinals kommt sogar noch in seinem Testament zum Ausdruck. In dem steht nämlich der aufschlußreiche Satz: "Ich vergebe meinen Feinden, aber Gott wird es nicht tun." Wer sich so mit Gott identifizieren kann, der ist eigenlich unverletzlich - allerdings auch verrückt!

Papst und Kurie waren froh, als der Kardinal sich von dieser Welt verabschiedet hatte. Die schwerwiegenden Vorwürfe gegen ihn waren ja bis zuletzt nicht verstummt. In stillem Gedenken an ihn, fernab von jeder Öffentlichkeit, waren sie aber doch so ehrlich, sich einzugestehen, daß dieser Mann im Endeffekt die Ehre der Mutter Kirche vergrößert hatte. Denn was sind heute Ansehen und Ehre ohne Geld, ohne Reichtum? Und ohne die geschickte Hand Henry Koudrys gehörten dem Vatikan heute weder große Teile der Paramount-Studios in Hollywood noch Hunderte von Grundstükken für Ferienwohnungen in Oyster Bay, Long Island, USA, noch das Stock Exchange Building, der höchste Wolkenkratzer der Welt, noch der Port Royal Tower in Montreal/Kanada noch zahlreiche Hotelanlagen und Golfplätze in vielen Staaten auf diesem Planeten usw. usf. So rate ich den Herren der Kirche eingedenk des schon von den alten Römern beherzigten Grundsatzes »De mortuis nihil nisi bene« nichts Schlechtes mehr über ihren verstorbenen Mitbruder zu denken und zu reden, vielmehr von Zeit zu Zeit dankbar über die Art und Weise zu meditieren, wie doch Gott auch auf krummen Linien gerade zu schreiben vermag, d.h. wie er aus dem krummen Charakterholz eines Henry Koudry einen das Vermögen der Kirche so effektiv und genial vermehrenden Kirchenmann machen konnte.

Buchveröffentlichungen von Hubertus Mynarek

Philosophie des religiösen Erlebnisses
München 1963

Der Mensch – Sinnziel der Weltentwicklung
München 1967

Mensch und Sprache
Freiburg 1967

Der Mensch – Das Wesen der Zukunft
München 1968

Gott oder der Mensch im Mittelpunkt?
Donauwörth 1968

Existenzkrise Gottes?
Augsburg 1969

Herren und Knechte der Kirche
Köln 1973

Der kritische Mensch und die Sinnfrage
Berlin 1976

Religion – Möglichkeit oder Grenze der Freiheit?
Köln 1977

Orientierung im Dasein
München 1979

Zwischen Gott und Genossen
Berlin 1981

Religiös ohne Gott?
Düsseldorf 1983; als Tb: München 1989

Ökologische Religion. Ein neues Verständnis der Natur
München 1986, 2. Aufl. 1990

Kirche ohne Tabu
Rottweil a.N. 1986

Die Vernunft des Universums
München 1988

Mystik und Vernunft
Olten 1991

Denkverbot. Fundamentalismus in Christentum und Islam
München 1992

Erster Diener Seiner Heiligkeit
Ein kritisches Portrait des Kölner Erzbischofs Joachim Meisner
Köln 1993

Die Neue Inquisition
Marktheidenfeld 1999

Buchveröffentlichungen von Hubertus Mynarek

Philosophie in der Blauen Eule Band 29
Das Gericht der Philosophen
Ernst Bloch – Erich Fromm – Karl Jaspers
über Gott – Religion – Christentum – Kirche
Essen 1997, 252 Seiten, 56,- DM ISBN 3-89206-808-9

Philosophie in der Blauen Eule Band 32
DIE KUNST ZU SEIN
(1. Aufl. Düsseldorf 1989), Neuaufl. Essen 1998,
364 Seiten, 64,- DM ISBN 3-89206-877-1

Jesus und die Frauen
Das Liebesleben des Nazareners
(1. Aufl. Frankfurt a.M. 1995), Neuaufl. Essen 1999,
200 Seiten, 29,- DM ISBN 3-89206-935-2

Eros und Klerus
Neuaufl. Essen 1999, 216 Seiten, 48,- DM ISBN 3-89206-950-6

CASANOVAS IN SCHWARZ
1. Aufl. Essen 2000, 2. Aufl. Essen 2001,
180 Seiten, 36,- DM ISBN 3-89206-339-7

Gedanken zur Logik der Macht
in: TOLERANZ. DAS FREMDE – MACHT – IDENTITÄT
Vorträge aus dem VI. Verlagskolloquium 1997
Hrsg.: J. Fellsches und W. L. Hohmann
Essen 1998, 148 Seiten, 38,- DM ISBN 3-89206-869-0

Die Ethik der Wissenschaft
aus der Sicht der christlichen Theologien
in: ETHIK UND WISSENSCHAFTLICHE OBJEKTIVITÄT
Vorträge aus dem VII. Verlagskolloquium 2000
Hrsg.: J. Fellsches und W. L. Hohmann
Essen 2001, ca.180 Seiten, 46,- DM ISBN 3-89206-000-2

Die Ladenpreise unterliegen dem Preisbindungsrevers; die Umrechnung in SFr/ÖS erfolgt gemäß den aktuellen Tabellen des Börsenvereins des Deutschen Buchhandels.

Verlag DIE BLAUE EULE
Annastrasse 74 • D 45130 Essen • Tel. 0201 / 877 69 63 • Fax 877 69 64
http://www.die-blaue-eule.de